"十三五"国家重点图书出版规划项目

《西方古典学研究》
编辑委员会

主　编：黄　洋　（复旦大学）
　　　　高峰枫　（北京大学）

编　委：陈　恒　（上海师范大学）
　　　　李　猛　（北京大学）
　　　　刘津瑜　（美国德堡大学）
　　　　刘　玮　（中国人民大学）
　　　　穆启乐　（Fritz-Heiner Mutschler，德国德累斯顿大学；北京大学）
　　　　彭小瑜　（北京大学）
　　　　吴　飞　（北京大学）
　　　　吴天岳　（北京大学）
　　　　徐向东　（浙江大学）
　　　　薛　军　（北京大学）
　　　　晏绍祥　（首都师范大学）
　　　　岳秀坤　（首都师范大学）
　　　　张　强　（东北师范大学）
　　　　张　巍　（复旦大学）

西方古典学研究

Comparative Studies
of Ancient Greek,
Roman,
and Chinese
Histriography

Fritz-Heiner Mutschler

[德] 穆启乐 著
黄洋 编校

古代希腊罗马和
古代中国史学
比较视野下的探究

北京大学出版社
PEKING UNIVERSITY PRESS

图书在版编目（CIP）数据

古代希腊罗马和古代中国史学：比较视野下的探究／（德）穆启乐著；黄洋编校. —北京：北京大学出版社，2018.8
（西方古典学研究）
ISBN 978-7-301-29565-6

Ⅰ.①古… Ⅱ.①穆…②黄… Ⅲ.①史学史–研究–古希腊②史学史–研究–古罗马③史学史–研究–中国–古代 Ⅳ.①K125 ②K126 ③K092.2

中国版本图书馆CIP数据核字（2018）第118063号

书　　名	古代希腊罗马和古代中国史学：比较视野下的探究 GUDAIXILALUOMA HE GUDAIZHONGGUO SHIXUE
著作责任者	[德] 穆启乐 著　黄　洋 编校
责任编辑	吴　敏
标准书号	ISBN 978-7-301-29565-6
出版发行	北京大学出版社
地　　址	北京市海淀区成府路205号　100871
网　　址	http://www.pup.cn　　新浪微博：@北京大学出版社
电子信箱	pkuwsz@126.com
电　　话	邮购部 62752015　发行部 62750672　编辑部 62757065
印 刷 者	北京中科印刷有限公司
经 销 者	新华书店
	890毫米×1240毫米　16开本　13.25印张　166千字 2018年8月第1版　2018年8月第1次印刷
定　　价	48.00元

未经许可，不得以任何方式复制或抄录本书之部分或全部内容。
版权所有，侵权必究
举报电话：010-62752024　电子信箱：fd@pup.pku.edu.cn
图书如有印装质量问题，请与出版部联系，电话：010-62756370

"西方古典学研究"总序

古典学是西方一门具有悠久传统的学问,初时是以学习和通晓古希腊文和拉丁文为基础,研读和整理古代希腊拉丁文献,阐发其大意。18世纪中后期以来,古典教育成为西方人文教育的核心,古典学逐渐发展成为以多学科的视野和方法全面而深入研究希腊罗马文明的一个现代学科,也是西方知识体系中必不可少的基础人文学科。

在我国,明末即有士人与来华传教士陆续译介希腊拉丁文献,传播西方古典知识。进入20世纪,梁启超、周作人等不遗余力地介绍希腊文明,希冀以希腊之精神改造我们的国民性。鲁迅亦曾撰《斯巴达之魂》,以此呼唤中国的武士精神。20世纪40年代,陈康开创了我国的希腊哲学研究,发出欲使欧美学者不通汉语为憾的豪言壮语。晚年周作人专事希腊文学译介,罗念生一生献身希腊文学翻译。更晚近,张竹明和王焕生亦致力于希腊和拉丁文学译介。就国内学科分化来看,古典知识基本被分割在文学、历史、哲学这些传统学科之中。20世纪80年代初,我国世界古代史学科的开创者日知(林志纯)先生始倡建立古典学学科。时至今日,古典学作为一门学问已渐为学界所识,其在西学和人文研究中的地位日益凸显。在此背景之下,我们编辑出版这套"西方古典学研究"丛书,希冀它成为古典学学习者和研究者的一个知识与精神的园地。"古典学"一词在西文中固无歧义,但在中文中可包含多重意思。丛书取"西方古典学"之名,是为避免中文语境中的歧义。

收入本丛书的著述大体包括以下几类：一是我国学者的研究成果。近年来国内开始出现一批严肃的西方古典学研究者，尤其是立志于从事西方古典学研究的青年学子。他们具有国际学术视野，其研究往往大胆而独具见解，代表了我国西方古典学研究的前沿水平和发展方向。二是国外学者的研究论著。我们选择翻译出版在一些重要领域或是重要问题上反映国外最新研究取向的论著，希望为国内研究者和学习者提供一定的指引。三是西方古典学研习者亟需的书籍，包括一些工具书和部分不常见的英译西方古典文献汇编。对这类书，我们采取影印原著的方式予以出版。四是关系到西方古典学学科基础建设的著述，尤其是西方古典文献的汉文译注。收入这类的著述要求直接从古希腊文和拉丁文原文译出，且译者要有研究基础，在翻译的同时做研究性评注。这是一项长远的事业，非经几代人的努力不能见成效，但又是亟需的学术积累。我们希望能从细小处着手，为这一项事业添砖加瓦。无论哪一类著述，我们在收入时都将以学术品质为要，倡导严谨、踏实、审慎的学风。

我们希望，这套丛书能够引领读者走进古希腊罗马文明的世界，也盼望西方古典学研习者共同关心、浇灌这片精神的园地，使之呈现常绿的景色。

"西方古典学研究"编委会
2013 年 7 月

献给汉娜
(To Hanna)

目 录

前　言	I
鸣　谢	V

上　篇　古代希腊罗马和中国史学之比较研究　　1

第一章　古代希腊罗马与中国古代史学的比较观察　　3

第二章　论古代希腊、罗马和中国史学中的认知视域与社会功用　　43

第三章　古代希腊、罗马和中国史学中的政治组织与人的行为　　68

第四章　罗马"帝国史学"的问题　　78

第五章　塔西佗（及李维）与司马迁的政治思想　　105

第六章　塔西佗和司马迁：个人经历与历史视角　　133

第七章　古代中国与罗马史学中行为与后果的联系　　158

下　篇　史学比较研究之再思考　　169

第八章　司马迁和他的西方同行：论描述的类型　　171

第九章　导向性与基于事实的知识　　180

第十章　古代史学之比较　　186

第十一章　一个欧洲学者眼中的雷海宗　　196

前　言

　　本书收录的论文集中于古代中国和古代希腊罗马史学的比较研究。在这个全球化的时代，已无须为跨文化比较辩解。而且这似乎是不同领域的学者应主动承揽的任务，因为它能够增进世界不同地区和民族的相互理解。中国和西方的古典学者也应如此，因为他们研究的是这两个文明的根基。而无论就其源远流长和实际重要性而言，这两个文明都是十分突出的。虽然理解过去的历史并不能等同于理解现在，却无疑有助于更好地理解现在。

　　在最近一二十年里，古代中国和古代希腊罗马世界的比较研究日益为学者所关注，由此就很易于理解了。其中的两个主题特别受到重视，一是古典中国和古典希腊所取得的思想成就，尤其是在科学和哲学方面；一是汉帝国和罗马帝国相似的历程。史学则与两者都相关。一方面，对过去的探究和表述是一种思想成就，有其科学和哲学的基础。另一方面，古代历史编纂是我们重建古代历史的最重要史料。此外，史学不仅是古代中国和古希腊或者古罗马思想文化的基本组成部分，而且同时是三个文明中思想文化的基本组成部分。因此，在古代中国和西方的跨文化比较中，对史学传统的研究完全能够起到显著作用。

　　本书收录的论文是在近二十年的时间里相继撰写的。尽管其中某些篇章为特定的场合而写，不过它们总体上反映了笔者思想的发展，并因此而有些内在的逻辑。出于这个原因，最好似乎是按照它们写作的顺序编排并呈现给读者。而理论性较强的文章另编为下篇。

上篇的前两章是总体上的讨论。第一章以理论思考开篇，它解释了文章所采用的路径。然后该文讨论对古希腊、罗马和古代中国史学共同性和差异性的基本观察。这些观察包括史学的主题、史学作品的意图及其对历史过程的解释。一个重要的结论是，在某些方面古希腊罗马史学和中国史学形成对比，但在另一些方面中国和罗马史学更为接近，和希腊史学则形成对比。因此似乎有益的是，以希腊史学、罗马史学和中国史学这三个史学传统的比较取代希腊罗马史学和中国史学这两个传统的比较。第二章即致力于比较这三个史学传统中各具特征的认知视域（horizon of perception）及其社会作用。第三章是在大众基金会资助的一个更大研究课题的框架下撰写的，这个课题的主题是"帝国与世界：古代帝国史学话语中'自我'和'他者'的建构——以罗马和古代中国为例"。它探讨塔西佗、奥古斯都时代的诗人以及不太重要的历史学家维莱尤斯·帕特库鲁斯（Velleius Paterculus）关于帝制和帝国统治的不同态度，并将其与司马迁撰史的态度相比较。出人意料的结果是，比起具有共和思想的元老塔西佗，奥古斯都时代的诗人和维莱尤斯——他们均攀升到了更高的社会等级——的一些重要看法更接近于司马迁。在这一相对总体的比较分析基础上，笔者又撰写两文，直接对司马迁和塔西佗进行比较分析。其一专门讨论两位史学家（以及塔西佗的先驱李维）的基本政治观念，说明罗马的共和制传统和中国的君主制传统导致了不同的历史解释和评价。这既适用于当时的历史，也适用于传说时代的历史。其二分析两位史家的个人经历和历史视野之间的关联，试图揭示和解释相似性和差异性的复杂联系。最后两篇较短的文章是根据特定要求撰写的，分别讨论两个特定主题，一是政治组织形式与人类行为相关联的看法，二是古代希腊、罗马和古代中国史学中行为和后果相关联的想法。

收录在下篇的4篇论文中，3篇诞生于和约恩·吕森（Jörn Rüsen）的合作。他多次邀请笔者参与他和中国台湾学者黄俊杰的历史与历史学思想讨论，这些讨论常常具有理论指向。笔者希望，尽管这3篇论文脱离了其最初的语境，读者还是能理解它们。关于雷海宗作为历史认知理论家及历史哲学家的评价的短文也是这样，它是在天津召开的纪念雷海宗诞生110周年学术研讨会上所做的报告。

将原先在不同场合独立发表的文章辑录成册、并且面向新的读者群出版，从来都不是没有问题的。更为复杂的是，本书所收录的9篇论文最初是写给不太了解中国历史的西方读者看的。因此笔者需要提请读者谅解两点。一是对于中国的读者而言，这些文章可能包含过多关于中国史学的解释，关于西方史学的解释却太少。而且援引的研究文献大部分出自西方，其中相当一部分又是非英文的文献，多是德文研究文献。所有这些可能都会困扰中国的读者。不过中国学者却因此有机会大体了解西方学者看待和分析中国史学著作的特定视角。其二是这类论文集不可避免的内容重复。各篇论文在发表于不同场合时，都有必要提到同一些解释，也有必要在不同的论述过程中阐明同一些想法。笔者尽量删除了一些重复的内容，但在很多情况下，为了保证论述的连贯，却不可能都删除。因此笔者恳请读者将每篇文章都看成是独立成篇的，若在其他篇章的论述中读到以不同方式申述的同样内容也勿见怪。笔者希望，读者在读完全书后，会觉得其耐心是值得的。

本书所收篇章原载信息如下：

1. Vergleichende Beobachtungen zur griechisch-römischen und altchinesischen

Geschichtsschreibung, *Saeculum* 48, 1997, 213-253

2. Zu Sinnhorizont und Funktion griechischer, römischer und altchinesischer Geschichtsschreibung, in: K.-J. Hölkeskamp / J. Rüsen / E. Stein-Hölkeskamp / H.T. Grütter (Hgg.), *Sinn (in) der Antike. Orientierungssysteme, Leitbilder und Wertkonzepte im Altertum*, Mainz 2003, 33-54

3. Politische Organisationsform und menschliches Verhalten in der griechisch-römischen und altchinesischen Geschichtsschreibung, in: E. Emilsson / A. Maravela / M. Skoie (eds.), *Paradeigmata. Studies in Honour of Øivind Andersen*, Athens 2014, 109-117

4. The Problem of Imperial Historiography in Rome, in: F.-H. Mutschler / A. Mittag, *Conceiving the Empire: Rome and China Compared*, Oxford 2008, 119-141

5. Tacite (et Tite-Live) et Sima Qian: La vision politique d'historiens latins et chinois, *Bulletin de l'Association Guillaume Budé* 2008/2, 123-155

6. Tacitus und Sima Qian. Persönliche Erfahrung und historiographische Perspektive, *Philologus* 151, 2007, 127-152

7. The Connection between Deeds and Consequences (Tun-Ergehens-Zusammenhang) in: Ancient Chinese and Roman Historiography, 载《纪年雷海宗先生诞辰110周年中国第四就届世界古代史国际学术研讨会论文集》,中华书局2016年, 178-186

8. Sima Qian and His Western Colleagues: On Possible Categories of Description, *History and Theory* 46, 2007, 194-200

9. Orientierung und faktengestütztes Wissen, *Erwägen Wissen Ethik* 22, 2011, 565-567

10. Ancient Historiographies Compared, in: Ch.-Ch. Huang / J. Rüsen (eds.), *Chinese Historical Thinking: An Intercultural Discussion*, Göttingen and Taipei 2015, 103-112

11. Lei Haizong. A View from Outside, 载《纪年雷海宗先生诞辰110周年中国第四就届世界古代史国际学术研讨会论文集》,中华书局2016年, 31-36

鸣　谢

我很高兴有机会向中国的读者呈现我关于中国和西方史学的部分研究成果，为此要感谢一些机构和个人。若非他们的帮助，就不太可能出版这本论文集。我要表达对北京大学历史学系和光华人文基金的感激之情，它们授予我讲席教授的殊荣，使我得以在时隔二十多年后，回到当初使我着迷的这个国度，再次在此长期工作。我深深感谢北京大学西方古典学中心前任主任黄洋，他积极促成此事，并且在离任之前一直充当了最热心的主任的角色。同时深深感谢北京大学西方古典学中心现任主任彭小瑜，他是个非常好心的同事，而且在需要的时候，是个最有亲和力的领导。我要感谢本论文集的译者，他们十分认真地把我的英文和德文论文翻译成流畅的汉语。我的表述有时比较复杂，他们表现出了出色的能力。我还要感谢北京大学出版社及其编辑，他们精心细致的工作使得本书如此美观。最后我要再次感谢我的朋友黄洋，他尽管工作繁忙，仍然耐心而友好地承担了编校本书的任务。

上 篇

古代希腊罗马和中国史学之比较研究

第一章　古代希腊罗马与古代中国史学的比较观察

　　与过去打交道，探究既往的事件与情形，这一现象存在于诸多社会之中，亦可能表现为人类学的常态。相应地，当社会达到一定的文化水平，对过往的思考便会以文学形式呈现出来。西方和中国的文化形态均是鲜明例证。两者的史学皆发轫很早，在许多个世纪里作为自我认同的重要部分得以保存和发展，并因其散文体裁而在文学史上占据重要的一席之地。比较研究中西方古典早期的史学传统，不仅能更明确双方特色，也能加深理解两种文化之异同。

　　在开始真正的研究前，还有几点需要澄清。首先是"史学"的概念。问题在于，中西文化中的史学能否理解为同一概念，这一概念是否源于中西文化中的一方，由此产生的失衡是否有碍研究结果。诚然，人们无法摆脱其生活的环境，只能力求反思既往之偏见，减少其影响，在我看来，这算是唯一的困难。"史学"引发的问题一方面为中西方所共有：古代希腊与罗马文化中均不存在与"史学"全然对等的术语[1]，

---

[1] K. 考克：《历史：古典时代和罗曼语中词语的历史与含义》（K. Keuck, *Historia. Geschichte des Wortes und seiner Bedeutung in der Antike und in den romanischen Sprachen*），博士论文，明斯特，1934 年；Ch. W. 弗那拉：《古代希腊与罗马文明中史学的性质》（Ch. W. Fornara, *The Nature of History in Ancient Greece and Rome*），伯克利和伦敦，1983 年（1988 年重印），第 1—46 页。同载于 M. v. 阿尔布莱希特：《罗马文学史》（M. v. Albrecht, *Geschichte der römischen Literatur*），第一章"史学及相关体裁"（History and Related Genres），慕尼黑等，1994 年，第 290—298 页。西方"历史"的概念史，可参见 R. T. 柯史莱克撰写的"历史"条目，见于《历史中的基本概念：德国政治—社会语言的历史词典》（R. T. Koselleck, Art. "Geschichte", in *Geschichtliche Grundbegriffe. Historisches Lexikon zur politisch-sozialen Sprache in Deutschland*），第二卷，1979 年，第 593—717 页。

中国古代文化亦与之相近。[2] 这首先表明，进入两个研究领域的先决条件相类似。此处提到的问题无疑极为有趣，然因篇幅所限，暂且按下不表。另一方面，使用"史学"这一概念似乎是合理的，因为我们能够在如此通常的意义上理解它，以至于不会因不合宜的特定规范而妨碍跨文化的比较。以此而言，我们可以给"史学"下一个一般性的定义："对于过去超个人意义的事件和情形的呈现（并不仅仅是事实的罗列）。"

倘若人们以史学或相似概念研究中国古代和希腊罗马文献，则会遇到实际困难。其相关典籍卷帙浩繁，若全数比较，一方面个人之力无法穷尽，另一方面或许也无必要。因为如果分析每部作品的内在张力，其千差万别恐怕会淹没不同史学传统之间的异同。问题是，能否在浩如烟海的文献中选取其代表，进而尝试初步的比较。

本文采用的研究方法即为选取中西史学中的名家名著加以比较。这些作品在历史上曾被视为典范，也分别塑造了各自史学的传统，并因其声誉得以完整地或大部分保存至今。它们是哪些作品呢？

首先论及西方。[3] 倘若逐一评价作品的影响力，史学之父希罗多德和修昔底德的贡献无可争辩，希腊史学乃至整个西方史学均始

---

[2] 参见何莫邪：《对"史"的非正式概念性探讨》（C. Harbsmeier, "Some Informal Conceptual Deliberations on *shi*"），载于《比较视野中的中国史学》（*Chinese Historiography in Comparative Perspective, International Symposium*），海德堡，1995年3月29日-4月2日，会议论文。

[3] 希腊史学的基本信息和进一步阅读文献参见K. 迈斯特：《希腊史学：从开端到希腊化时代的结束》（K. Meister, *Die griechische Geschichtsschreibung. Von den Anfängen bis zum Ende des Hellenismus*），斯图加特等，1990年。O. 伦德尔：《希腊史学导论：从赫卡泰俄斯到佐西姆斯》（O. Lendle, *Einführung in die griechische Geschichtsschreibung: von Hekataios bis Zosimos*），达姆施塔特，1992年。罗马史学参见D. 弗拉赫：《罗马史学导论》（D. Flach, *Einführung in die römische Geschichtsschreibung*），达姆施塔特，1992年第二版。

肇于此，因此他们的作品应予以考察。此外，我将同时选取波里比乌斯（Polybius）的《通史》一书。该著作保存较完整，通过讨论其产生环境、叙述对象及对后世的影响，我们进而转向罗马史学。

对罗马史学的选择也无可争议，其经典出自三位大家之手，他们是撒路斯特（Sallust，又译撒路斯提乌斯）、李维（Livius）和塔西佗（Tacitus）。他们的作品恰好代表了罗马史学的三个阶段（即罗马共和国、奥古斯都时期和罗马帝国）和三种最重要的体裁（编年体、记事本末体和断代体）。

中国史学方面的选择也非难事。[4] 然而，这些著作特征不同，因而对有针对性的比较而言，其意义也不尽相同。这主要是因为其中的两部写于上文所述的史学（即西方形式上的史学）发轫之前。《书经》（又作《尚书》）相传为孔子所编，收录了言论、对话、政令等内容，既有信史，亦有杜撰。[5] 这部史书的记载上起传说中的尧帝时期，以周代早期事件为主体，篇目之间的联系并不紧密。传统上认为《春秋》亦为孔子所作。孔子为鲁国人，这部编年史按

---

[4] 中国古代史学的基本信息和进一步阅读文献参见 Ch. S. 贾德纳：《中国传统史学》(Ch. S. Gardner, *Chinese Traditional Historiography*)，剑桥（马萨诸塞州），1938年初版（1970年第三版）。韩玉珊：《中国史学纲要》(Y.-Sh. Han, *Elements of Chinese Historiography*)，好莱坞，1955年。B. 华兹生：《中国早期文献》(B. Watson, *Early Chinese Literature*)，纽约，1962年，第17—120页。陶泽德：《中国史学》(R. Trauzettel, "Die chinesische Geschichtsschreibung")，载于 G. 德邦编：《东亚文学》(G. Debon [Hg.], *Ostasiatische Literaturen*)，威斯巴登，1984年。（又载于《文学研究新手册》[*Neues Handbuch der Literaturwissenschaft*]，第23卷，第77—90页。）倪豪士：《印第安纳中国传统文学指南》(W. H. Nienhauser, Jr. [ed.], *The Indiana Companion to Traditional Chinese Literature*)，布卢明顿，1986年。施寒微：《中国文学史》(H. Schmidt-Glintzer, *Geschichte der chinesischen Literatur*)，伯尔尼等，1990年。

[5] 《尚书》和诸多中国古代著作一样，其流传过程复杂不明，非专业学者难以判断。下文中我将采用共28篇的《今文尚书》，通常认为它源自先秦版本，因而在这个意义上真实可靠。参见高本汉：《尚书注释》(B. Karlgren, *Glosses on the Book of Documents*)，两卷本，斯德哥尔摩，1948年、1949年（见《远东古物博物馆馆刊》[*Bulletin of the Museum of Far Eastern Antiquities*] 20、21）。华兹生：《中国早期文献》，第21—22页。顾立雅：《中国治术的起源》(H. G. Creel, *The Origins of Statecraft in China*)，芝加哥，1970年，第447—463页。

照鲁国君主纪年，记载公元前722至前481年间的历史，其语言极为精炼，罗列了即位、死亡、攻伐、灾异等互不相连的事件。以上概述清楚地表明，这两部史书与西方史学著作无法等量齐观。然而，本文仍将二者列为比较对象，因为它们在早期即被视为出于孔子之手，随后位列儒家核心经典，因而其注疏与释读深入完善，对后世史学影响深远。

由此将引入用于比较的第三部著作《左传》，其体例与《春秋》相关。《左传》为左丘明所著，是中国最早的叙事体史书，它增补《春秋》的史实，用以说明其纲目。大多数研究者认为，《左传》原本是一部独立于《春秋》的著作，记载了春秋时期整个中国的历史，然其原创性仅为推测，未能证实。

最后提及的是中西史学比较最重要的作品，即司马迁的《史记》。《史记》成书于公元前100年，司马迁为完成其父司马谈的遗志与未竟之业，撰写了上启上古传说下至其自身所处时代的中国通史。《史记》具有独特的表现力，一方面它采用了诸如《尚书》《春秋》《左传》等早期文献，不仅采纳其史事，更是在修改措辞后，将部分章节悉数抄录，另一方面《史记》无论在内容还是形式上，均对后世的中国史学影响深远。

基于上述作品，以下研究尝试采用两种观察进路。这两种进路对于古代希腊罗马和中国古代史学的比较似乎是有益的，但两者的对立也显示，即便在初始阶段，我们也不能避免这种比较的复杂性。本研究的第一部分将厘清古代希腊罗马与中国古代史学间的显著差异，迄今仅有少数研究文献涉及该问题，也尚未给出令人满意的阐释。第二部分所考察的现象至今未进入学者视野，即在特定方面不是古代希腊罗马史学与中国史学泾渭分明，而是罗马史学、中国史学共同衬托出希腊史学的与众不同。第一部分与第二部分的考察并非矛盾，但两者间仍存在张力，而这并不削弱各自的有效性。

正如事实是复杂的，其描述也未能例外。总之，以下研究将阐明，以希腊、罗马、中国三分的方法取代希腊罗马和中国相对立的比较是值得尝试的方法。[6]

一、希腊、罗马与中国

不断有研究指出，司马迁的《史记》作为中国古代最重要的史书，在宏观结构上与大多数（包括上述）希腊罗马历史著作有根本不同。[7] 后者在结构上的共性是按照事件发展的前后联系、先后顺序推进叙事，尽管其中也穿插离题之笔，但大体上以时间为顺序记述史事。希罗多德、修昔底德及罗马史学家均采用这一结构，无论是撰写长时段历史抑或处理特定的单一事件。

---

[6] 全面比较希腊罗马与中国古代史学仍是空白的学术课题。在西方学界迄今只有些许汉学研究从侧面涉及比较史学，并几乎仅限于中国与希腊史学的比较（最详尽的研究参见华兹生：《中国早期文献》，第 109—114 页）。此外，另有一篇以东西方比较为题的论文常被引用。参见普实克：《中国与西方的历史与史诗》（J. Prusek, "History and Epics in China and the West"），载于普实克：《中国历史与文学》（*Chinese History and Literature*），多德雷赫特，1970 年，第 17—34 页。在中国学界，比较视野的研究更受重视，60 年代初邓嗣禹就曾撰文比较希罗多德与司马迁（邓嗣禹：《希罗多德和司马迁：两位史学之父》[S. Y. Teng, "Herodotus and Ssu-ma Ch'ien: Two Fathers of History"]，载《东方与西方》[*East and West*]12，1961 年，第 233—240 页），近年来则有更多文章问世。我读到的文章有马雪萍：《中西古代史学发展途径的异同》，载《史学理论研究》，1993 年 3 期，第 63—72 页，1993 年 4 期，第 63—69 页。这是一项艰巨的研究，然而中国学者对西方史学的认识主要来自于介绍性手册，并始终坚信应当论述中国史学相较希腊罗马史学的优越性。

[7] 参见华兹生：《中国伟大的史学家司马迁》（B. Watson, *Ssu-ma Ch'ien. Grand Historian of China*），纽约，1958 年，第 101—103 页。邓嗣禹：《希罗多德和司马迁：两位史学之父》。普实克：《中国历史与文学》。侯格睿：《文本中的世界：司马迁的〈史记〉》（G. Hardy, "The World in the Text: Ssu-ma Ch'ien's *Shih chi*"），《比较视野中的中国史学》（国际研讨会），讨论草案，2。史记的文学体例还可参见 J. L. 克劳尔：《司马迁的文学理论与实践》（J. L. Kroll, "Ssu-ma Ch'ien's Literary Theory and Practice"），载《古代东方研究》（*Altorientalische Forschungen*）4，1976 年，第 313—325 页。J. R. 艾伦：《〈史记〉叙事结构初探》（J. R. Allen, "An Introductory Study of Narrative Structure in the *Shiji*"），载《中国文学：论文、文章、评论》（*Chinese Literature: Essays, Articles, Reviews*），1981 年，第 31—66 页。

《史记》的结构则与之全然不同。司马迁将其材料分为各自独立的部分，又再次编撰成不同篇章，总共为五个主题一百三十篇。第一部分"本纪"共十二篇，记述了历代王朝统治家族的事迹，在特定时间以后（"秦本纪"后），脱离朝代而改为记述特定君主的事迹。第二部分"表"共十篇，司马迁排列整理了中国史上重要的人物和史事。第三部分"书"共八篇，记述了礼乐、历法、水利、经济等内容，在简要勾勒其历史发展后，详细地辅之以汉代的具体情况。第四部分"世家"共三十篇，部分史事与本纪重合，但其重点在于记述地方贵族家系的事迹。全书以第五部分"列传"作结，这一部分篇幅最长，共七十篇。"列传"部分以传记为主，但不限于传记；首要描写政治人物，也涉及文化名士；既为个人作传，也记述群体的事迹。

在着手比较《史记》与希腊罗马史学著作的结构差异前，仍需简要澄清，《史记》的体例是否能代表中国史学。对此问题应予谨慎的肯定。首先，在《史记》以前，中国古代史书的典型特征是没有连续性：《尚书》记载的是顺序不相关的言论、命令等内容，《春秋》以微言大义罗列史事，而《左传》——至少是司马迁所读过的、也是我们今天知道的版本——依照事件的地点与人物细分章节。然而不应忽视，上述三部史书均属编年体，并不反映所记史事的前后联系。[8] 其次，更为关键的是，《史记》所创体例成为后世史学最重要的形式，《史记》自身也为历代史家奉为圭臬。断代史在司马迁以后盛行，在原则上均采用纪传体，尽管这当中历经变化。

现在，我们将如何阐明《史记》这部中国古代最重要的史书与希腊罗马史学著作间的结构差异呢？这差异又意味着什么呢？

---

[8] 在《左传》的最初版本中，编年体可能已被放弃。无论如何，诞生于《左传》与《史记》间的两部最重要的史书《国语》和《战国策》瓦解了纯粹的顺序叙事。参见施寒微，1990年，第125页。

对此问题最详尽的论述来自捷克汉学家普实克（J.Prusek）[9]。在那篇思想丰富、论证有力因而颇为深奥的论文中，普实克选取古希腊史学作为西方史学代表。其首要论断是，倘若探究古希腊与中国古代史学间的基本差异，应结合两者在文学史中的主要差异来理解：史诗诞生于希腊文学肇始之时，并在日后发展为核心的文学体裁，反之，在中国文学中担当这一角色的是抒情诗。[10] 欧洲史诗以叙事推进的均匀和连贯为特征[11]，而中国诗歌长于并列不同意象，烘托整体氛围。[12] 普实克继而将中西方文学和史学的形式差异和两者内容上的区别结合起来探讨："在任何情况下……西方史诗关注的是个人的、特定的、不可重复的内容，其刻画与描述宛若一条均匀的河流，如同一串坚固的锁链，这也是欧洲文学与史学的主旨。而在中国，人们的注意力明显集中在全然不同的事物上，他们不关心特定的和不可重复的事物，而是在意整体、规范、原则、法律等等，这种关注全局与永恒效用的取向，赋予了史学以中国文学——尤其是其主流体例抒情诗——的基本特征。"[13]

普实克的第二个论断很难成立。首先不能认定，史诗在何种程度上比诗歌更关注个人。对希腊史诗与希腊诗歌而言，这一点并不适用。而在中国古代，不存在可与抒情诗相提并论的史诗。[14] 其次，认为希腊史学关注特性而非共性的观点同样不能令

---

[9] 普实克：《中国历史与文学》，第17—34页。
[10] 同上书，特别是第31页："这使我们得出结论，正如史诗在西方文学中占统治地位，它们的方法在一定程度上塑造了欧洲其他所有文学体裁的创作，在中国文学中举足轻重的是抒情诗，其影响不仅涉及书面写作，也延伸到了其他艺术创作领域。"
[11] 同上书，第17页。
[12] 同上书，第30页。
[13] 同上书，第31—32页。
[14] 中国是否存在与史诗类似的体裁，这一问题尚有争论。然而，这些史诗作品并未能流传。不过确定的是，倘若史诗或类似史诗的文学作品真的存在，那么其影响也不能与《诗经》同日而语。

人信服。这不仅与希罗多德和波里比乌斯相左，对修昔底德更是误解。后者的主旨正是在特殊事件背后挖掘历史的普遍性。

然而，上述分析并不否定普实克的主要论点，即中国史学的特殊形态与其对抒情诗的高度尊重有关，而西方史学的特殊形态与西方史诗在文学史上的重要地位相连。以下论述也将遵循这一慧识。

为此，我将首先修正普实克的这一观察，并从历史上找出更明确的形式。在我看来，不仅应将希腊罗马与中国古代史学的结构差异和分别占据中西方文学史主流的抒情诗与史诗联系起来考虑，更具意义的是，应具体研究《荷马史诗》与《诗经》的结构差异。前者属于希腊罗马文学中的开山之作，并迅速成为经典教育文本，而后者在传统看来为孔子所收集和赞赏，是一部具有不同来源、不同风格和不同内容的诗歌总集。在中文世界中《诗经》成为"文化文本"，其价值与《荷马史诗》之于希腊罗马文学相当。[15] 只有经过这般考察，文学与史学间的异同才清晰可见：在西方，史诗叙事宏大，却内容统一，其历史著作虽有追溯前事和题外之笔，却也遵照统一的、以时间为序的叙事原则；在中国，《诗经》分为四个独立部分，其中两部分按产生地区再做细分，每部分又包含众多不同的独立篇目。《史记》以类似方式分为五大部分，共一百三十篇。如此简要勾勒出的中国和西方诗歌与史学的相似性，提请我们将这

---

[15] 参见 J. 阿斯曼：《古埃及法律和社会规范的文本化》（J. Assmann, "Zur Verschriftung rechtlicher und sozialer Normen im Alten Ägypten"），载 H. J. 格尔克：《跨文化比较中的法典编纂和社会规范》（H. J. Gehrke [Hg.], *Rechtskodifizierung und soziale Normen im interkulturellen Vergleich*），图宾根，1994年，第61—85页，此处为第79—80页。"文化文本"（Kulturelle Texte）指的是将一个文化的世界观得以通过有效的、负责的、权威的形式表达出来的文本，而且其传播表现中确认这一世界观及其自身。——《荷马史诗》同《诗经》一样，具有"文化文本"的意义，这也使它区别于赫西俄德。就此而言，《诗经》只应与《伊利亚特》和《奥德赛》并举，而不是与《神谱》（*Theogonia*）和《工作与时日》（*Erga*）相提并论。

两个领域看成是一个整体，并且在阐释其中之一（史学）时，同时也要考虑到另一领域。[16]

将讨论置于抽象层面上无疑是可行的。人们还可以采用近年来由比较科学史发展而来的理论。根据这一理论，现代自然科学在西方而非中国诞生，其原因在于中西方思维方式上的普遍差异，而此差异又与中文和印欧语系语言结构间的重要区别有关：中文使中国人的思考方式趋向协同，将事物并置，从全局出发关注它们间的相互联系；而西文使西方式的思考易于形成主从逻辑，倾向将事物置于明确的因果链条中，确立纵向联系，这种方法也是牛顿物理学的特征。[17]

这一理论关照的是中西方现代自然科学的差异，然而这里并非评判它的解释价值。显而易见且有趣的是，"并列—主从"的对立也适用于《诗经》《史记》与《荷马史诗》以及希腊罗马史学间的主要结构差异。相应地，这种对立亦可描述中西方思维方式的一般差异，如果人们愿意承认这种普遍差异的存在。

这种思考并非毫无道理。然而不得不承认，它同所有抽象层面的思考一样，本身不尽如人意，因为对历史学家和语文学家来说，它们与具体现象还相距甚远。

因此，我们回到更具体的层面考察中西方史学的结构差异，思考在普实克指出的差异外，在个人取向与整体利益间，它是否还与内容相关。以此为切入点，我认为该问题的答案是肯定的，可做如下论述：《荷马史诗》以及希腊罗马史学与《诗经》《史记》间的结构性差异与两者的内容差异相关，前者以战争和行动为导向，后

---

[16] 此处首先论述的是结构上的对比，可能的因果联系问题也要区分，这里暂不作讨论。

[17] F. 拜伦：《东方—西方：语言结构和概念比较》（F. Barone, "Oriente-Occidente. Strutture linguistiche e concettuali a confronto"），载于《新机械文明》（*Nuova Civiltà delle Macchine*）6.3，1988年，第83—94页（与李约瑟的继续讨论）。

者着眼于和平和状态。下文分两步对此予以证明。首先以史料说明中西方作品的内容差异确实存在，其次论述两者的内容差异与形式差异相关。

初读《荷马史诗》和《诗经》，会发现所谓的战争与和平的不同取向并非绝对：对人类生存的和平状态的描述虽然没有出现在《伊利亚特》中，却可以在《奥德赛》里找到；同样，《诗经》中的若干篇目也涉及战争。然而，在希腊史诗与中国古诗中，不同题材的权重显著不同。《伊利亚特》的主题是特洛伊战争的关键阶段，其叙事勾勒了战争全貌。这场战争也是《奥德赛》里始终存在的背景，由此主人公还乡的命运才得以呈现。此外，尤为重要的是，《伊利亚特》被视为史诗传统中极富影响的著作，而战争与战斗成为了整个古典史诗最重要的素材。反之，《诗经》包含了另一些主题。第一部分（《风》）讲述了人们日常生活中的喜怒哀乐：爱情与婚姻不仅出现在描写求爱与婚嫁的诗歌中，也包含在讲述幸福或不幸的家庭生活的篇目里；此外更有反映庆典、狩猎、游戏和舞蹈的诗篇。第二部分和第三部分（《小雅》《大雅》）产生于社会上层，既以爱情、狩猎和庆典为题材，也涉及政治时事，它们描述（多为批判）社会时局和官吏的统治，但有时也称颂当下君主或先公先王的功绩。对统治者的颂歌集中在第三部分，它们为官方乐歌，由各国收集而来。尽管战争在这里作为军事功绩数次出现，但总体而言，它并非主要用于描述英雄事迹，而更多是叙述史事，反映穷兵黩武带来的耗费与苦难。[18]

---

[18] 参见王靖献：《如何定义中国的英雄主义》（C. H. Wang, "Towards Defining a Chinese Heroism"），载《美国东方学会会刊》（*Journal of the American Oriental Society*）95，1975年，第25—35、29页："《诗经》中大多数的战争诗严格来说都是反战诗，战争的英雄主义被弱化至最低限度，相反它描述的是穷兵黩武。"这篇文章主要表明，《诗经》在刻画周文王和周武王时所体现的君主与英雄理想，与《伊利亚特》中阿喀琉斯塑造的英雄形象大相径庭，这直接反映了两部著作在内容取向上的差异。

回到史学，我们看到类似的情况。西方古典史学中的战争取向在希罗多德的作品中便已初见端倪。[19] 尽管希罗多德的历史观不限于此，并且也关注文明的发展，即和平的历史，但希腊人与蛮族之间的战争冲突仍是其作品的主线。[20] 因此，全书以吕底亚王国的历史开始——它是第一个与希腊人交战的东方国家，以波斯国王薛西斯入侵希腊的战役结束，这次远征在希罗多德出生后不久达到高潮，并最终决出胜负。最令人印象深刻的是希罗多德笔下战争迷人的魅力，它来自那些伟大的军事将领。希罗多德认为这次远征的意义比以往所有战争，甚至是特洛伊战争，都要重大。[21]

---

[19] 此处及下文参见 H. 斯特拉斯伯格：《荷马与史学》（H. Strasburger, "Homer und die Geschichtsschreibung"），载《海德堡科学院会议报告：哲学、历史》（Sitzungsberichte der Heidelberger Akademie der Wissenschaften Phil-hist klasse），1972/1971 年，第 11—13 页。J. 科贝特：《希罗多德和修昔底德论战争》（J. Cobet, "Herodotus and Thucydides on War"），载 J. S. 莫克森、J. D. 斯马特、A. J. 伍德曼主编：《过去的视角：希腊罗马史学研究》[J. S. Moxon, J. D. Smart, A. J. Woodman (eds.), Past Perspectives: Studies in Greek and Roman Historical Writing]，剑桥，1986 年，第 1—18 页。

[20] 参见 A. 莫米利亚诺：《对古代史学中战争原因的若干观察》（A. Momigliano, "Some Observations on Causes of War in Ancient Historiography"），载《第二次国际古典学大会论文集》（Acta Congressus Madvigiani, Proceedings of the Second International Congress of Classical Studies）1954，第一卷（1958 年），第 199—211 页。也见于莫米利亚诺：《史学史研究》（Studies in Historiography），伦敦，1966 年，第 112—126 页："希罗多德是第一位广泛探究战争及其原因的史学家。这的确是希罗多德留给欧洲史学的遗产，我不会说这是一份从各个角度来看令人羡慕的遗产。此后，战争成为了欧洲史学的核心主题，或者说，重点主题之一。"

[21] 希罗多德：《历史》，7.19.2—21.1："这样，薛西斯便从大陆的每一个地方搜集人力，把他的大军纠合起来了。在平定埃及以来的整整四年中间，他一直在整顿大军，并准备出征所必需的一切；而在第五年里，他便率领着一支大军踏上了征途。在我们所知道的远征军当中，这支选征军断乎是最大的一支，以至于过去的任何一支远征军都无法和它相比，大流士远征斯基泰人的军队也好……传说中阿特列欧斯的儿子们所率领进攻伊里翁的大军也好，在特洛伊战争之前的美西亚人和铁乌克洛伊人的大军也好，都无法和它相比……所有这些远征的军队，再加上这些之外如果有的其他任何军队，都不能和单是这一支军队相比。"译文参考希罗多德：《历史》，王以铸译，北京：商务印书馆，1959 年，第 477 页。译文略有修改。

修昔底德的历史观在其著作开篇便已显现。[22] 他关注变革与运动，其程度越剧烈，他越是感兴趣。然而，历史运动的原型是战争，因此最举足轻重和记忆深刻的事件是重大战争，是倾尽全力、耗时长久、损失惨重的战争。修昔底德用《伯罗奔尼撒战争史》的前二十章证明，这场战争规模之大为前所未有。[23]

波里比乌斯及罗马史学家的历史观也相差无几，虽然他曾断言，若是人们想评价罗马的统治，必须将注意力集中在特定地区臣服后的形势上[24]，他还认为罗马史学家比希腊史学家更关注国内政治事件。然而在李维的历史著作中，长达十卷的第二次布匿战争使人印象深刻。同希罗多德描写薛西斯远征、修昔底德记述伯罗奔尼撒战争一样，李维在叙事前也将其笔下的布匿战争称之为有史以来最伟大的战争。[25] 几乎更具说服力的是塔西佗的名言。他感慨

---

[22] 修昔底德：《伯罗奔尼撒战争史》，1.1.1-2："我，雅典人修昔底德，在伯罗奔尼撒人和雅典人之间的战争刚刚爆发的时候，就开始撰写这部历史著作了。我相信这将是一场伟大的战争，比过去曾发生过的任何战争更值得叙述。这种信念并非没有根据。双方都竭尽全力来准备；同时，我看到希腊世界中其余的国家不是参加了这一边，就是参加了那一边；就是那些尚未参战的国家也正在准备参加。的确，这是希腊人历史上最大的一次骚动，同时也影响到大部分非希腊人的世界，甚至可以说，影响到几乎全人类。"译文参考修昔底德：《伯罗奔尼撒战争史》，谢德风译，北京：商务印书馆，1960年，第2页。译文略有修改。

[23] 两处表述参见1.21.2和1.23.1："至于这场战争，纵或普通人很容易想到他们所正在进行的战争是所有战争中最伟大的；但是只要战争一结束，他们又转而赞叹那些更古远的事迹了……""历史上最伟大的战争是希波战争，但是那场战争在两次海战和两次陆战中就迅速地决出了胜负。而伯罗奔尼撒战争不仅持续了很长时间，并且在整个过程中，给希腊带来了空前的灾难。"译文参考中译本修昔底德：《伯罗奔尼撒战争史》，第17—18页。译文略有修改。

[24] 波里比乌斯：《通史》3.4.6-8。

[25] 李维：《罗马史》，21.1.1-3："正如大多数史学家会在著作开篇处说明，我在开始本部分前也要指出，我要记述的是所有最值得铭记的战争，即迦太基人在汉尼拔的带领下与罗马人的战争。因为，再没有两个更强大的国家和人民如此交战，而两者正处于自身军事实力的巅峰！他们谙熟对方的作战方法，因为他们曾在第一次布匿战争中交手。幸运变化无常，战事也各不相同，胜利者这次如此靠近毁灭的深渊。几乎是仇恨而非武力引导着战争。罗马人被激怒了，因为战败者像胜利者那样向他们进攻；而迦太基人认为，他们作为战败者遭受蔑视和勒索。"

早期帝国时代风云变幻的政治局势,这本身即是其历史著作中值得一书的重要题材(《编年史》:4.32):"我自己清楚,我已经叙述的和将要叙述的许多事情看来也许无关紧要、不值一提;但是不应当把我的编年史和那些人书写的早期罗马人民历史等量齐观。他们不受限制,所记叙的是重大战争、攻城略地、被击败或是被俘虏的国王,或者如果他们讲述内政,那就是执政官和保民官之间的不和、土地法和谷物法、贵族和平民的斗争等等。但我所写的事情都在狭窄的范围内,也不光彩;因为当下是一个长期的和平时代,或者伴有些许骚动。罗马的气氛凄凄惨惨,皇帝也无心扩大帝国的疆土。可是,揭开事件表层向里面看去并非没有益处,因为这些事件在初看时似乎无关紧要,但它们往往引发了历史上的重大进程。"十分明显的是,这里所体现的仍是源自荷马的动态历史观,它认为历史的本质是重大运动,因而在历史著作中更关注一定时期内内政外交中的纠纷与斗争,而非内外局势的和平。

中国史学中的历史观念与之迥然不同。《尚书》所收集的"史料",即君王的言论和命令,多数记载良好的统治、与臣下得当的交往、和平时代的史事。[26] 在《左传》中可以看到,一方面它符合所记年代的真实历史,因此其叙述中不乏众多战事,另一方面,《左传》中对战争本身却惜墨如金。[27] 相较之下,它尤为关注君主是明君还是恶主,他对臣下是兼听还是专断,对子民是关心还是漠视。

对上述论证至关重要的是,司马迁的史学兴趣与西方史学家的关注点同样存在分歧。《史记》开篇记述了上古传说中的君主,将其促进文明的事迹置于赫赫战功之前,例如整治河道以防洪

---

[26] 参见《尚书》,《周书·康诰》:"王曰:'呜呼!小子封,恫瘝乃身,敬哉!……无康好逸豫,乃其乂民。……呜呼!封,敬明乃罚。……呜呼!封,有叙时,乃大明服。'"

[27] 这一点多次引起评注者的注意。参见华兹生:《中国早期文献》,第57页。

水，为行政机构设计精密秩序。[28] 同样，司马迁对后继君主们致力于和平解决内外冲突、改善人民生活的举措倍加赞赏。[29] 此外，正如我们在内容概述中已经看到的，全书有独立章节讲述"和平的历史"，如礼仪和音乐、水利系统和经济问题。最后，《史记》的最末部分篇幅最长。司马迁不仅为官吏和将领立传，也记述了作家和哲人的生平，其中还有一篇以成功的商贾为对象。我们在此甚至能找到一个简明的"自由主义"（或者用历史的正确说法，"道家"的）经济理论，更使其所呈现的图景趋于圆润。[30]

人们在何种程度上能断言，希腊罗马与中国古代史学、希腊与中国古代文学的内容差异与两者如上所述的结构差异相关？要回答这一问题应再次详细考察，《诗经》与《史记》因何原则而有所侧重，以至于相较于整体的事件联系，它们更为注重较小的连续事件或个别的事件瞬间。

无论《诗经》还是《史记》的基本划分都首先反映了社会的

---

[28] 《史记·夏本纪》中，日后夏朝的开国之君禹对托付他治水的舜帝说："鸿水滔天，浩浩怀山襄陵，下民皆服于水。予陆行乘车，水行乘舟，泥行乘橇，山行乘樏，行山栞木。与益予众庶稻鲜食。以决九川致四海，浚畎浍致之川。与稷予众庶难得之食。食少，调有余补不足，徙居。众民乃定，万国为治。"

[29] 《史记·律书》中，孝文帝（前180—前157年在位）时，匈奴在北面边疆进攻，"孝文曰：'……今未能销距，愿且坚边设候，结和通使，休宁北陲，为功多矣。且无议军。'故百姓无内外之繇，得息肩于田亩，天下殷富，粟至十余钱，鸣鸡吠狗，烟火万里，可谓和乐者乎！"

[30] 《史记·货殖列传》："太史公曰：夫神农以前，吾不知已。至若诗书所述虞夏以来，耳目欲极声色之好，口欲穷刍豢之味，身安逸乐，而心夸矜势能之荣使。俗之渐民久矣，虽户说以眇论，终不能化。故善者因之，其次利道之，其次教诲之，其次整齐之，最下者与之争。夫山西饶材、竹、谷、纑、旄、玉石；山东多鱼、盐、漆、丝、声色；江南出楠、梓、姜、桂、金、锡、连、丹沙、犀、玳瑁、珠玑、齿革；龙门、碣石北多马、牛、羊、旃裘、筋角；铜、铁则千里往往山出棋置：此其大较也。皆中国人民所喜好，谣俗被服饮食奉生送死之具也。故待农而食之，虞而出之，工而成之，商而通之。此宁有政教发期会哉？人各任其能，竭其力，以得所欲。故物贱之征贵，贵之征贱，各劝其业，乐其事，若水之趋下，日夜无休时，不召而自来，不求而民出之。岂非道之所符，而自然之验邪？"

分层。[31]《诗经》的第一部分（《风》）以普通民众生活为对象，第二部分和第三部分（《小雅》《大雅》）产生于贵族阶层，其中周王室所作诗篇在第三部分中占有一席之地，第四部分（《颂》）由国家重大庆典上的颂歌组成。与之顺序截然不同的是，我们看到，《史记》以记述王朝史事开始，之后在第四部分讨论地方贵族，第五部分《列传》则包括不少地位低微之人。其次，社会的分层弱化了地域间的区别。《诗经》中的《风》和《大雅》根据地域来源的不同而划分其诗篇。《史记》如前所述分别为统治王朝和地方贵族作传，也直接依照地域谋篇布局。此外，两部著作都分开记述人类活动的不同领域：《诗经》的前半部分还充斥着来自不同生活领域的诗篇，其顺序也无规可循，而在后半部分中，政治题材的比重逐渐增加；《史记》的侧重不言而喻，第三部分《书》完全为其他内容服务，第五部分《列传》也记载了文人、商贾等人的事迹。最后值得注意的是，两部著作均关注了诸多个人或群体，一系列事件和历史时刻也分别由此展开。

倘若我的理解正确的话，西方史诗与史学中并非全无强调之原则，而是以战争为取向。战争以其巨大暴力闯入人们的生活，由此展开其强大的凝聚力。治世中的各地区独立发展，往来较少，也互不干涉，而战争使它们在同一事件上紧密相连。人类活动的众领域，诸如政治、经济、宗教、艺术和文学，在治世各自繁荣发展，乱世时则严重受军事活动影响，甚至为其所支配。治世中的社会各群体和阶层尽管交往密切，但均在其各自生活领域内保持独立，乱世时则一起屈从于暴力统治。个人自然也是一样，在治世时尽管生活在共同体内，却依照自己的方式，而战争使人们共同

---

[31] 此处及以下，有关《诗经》，参见华兹生：《中国早期文献》，第202—230页。有关《史记》，参见华兹生：《中国伟大的史学家司马迁》，第101—134页。

陷入外敌的威胁，从而增强了人们的归属感，使其摄取、聚集了生理和心理的全部能量。最后，战争的凝聚力同样在时间的维度上展现，即体现在事件本身：战争以暴力打破了人们的生存现状，致使大部分单一事件影响深远，并推动其后续事件发展，事件间的现实联系也显著增加。

如上所述，我们可以认为，战争在西方古代史诗和史学中位于其中心，向观察者呈现的是激烈的一致运动，一连串连贯的事件。相应的，战争与作为其呈现媒介的连贯历史叙事有着天然的紧密关系。另一方面，中国早期文学和史学尤为关注的是历史中和平的一面。就认知而言，这是一种发散的现象，因此更易于在有关不同方面和日常生活问题的短篇诗集中表达出来，也更易于通过包含多视角、反复重新开始、并分为独立的部分和章节的历史记叙呈现出来。[32]

在本节结束时还应探讨，《荷马史诗》与《诗经》，以及希腊罗马与中国古代史学间的内容取向差异是否可就其自身而言得以澄清。当然，我们理应首先在研究中引入现实政治状况，然而这一尝试有其限制。

无论是希腊还是罗马史学，认为其内容取向与其创作及首次问世时的政治局势有关，这样的假设是可信的。

希腊史学诞生于公元前5世纪，这一个世纪即是以希腊受到波

---

[32] 在从这些观察中得出进一步结论前，应注意如下几点：正如莫米利亚诺（《古代史和古物学家》["Ancient History and the Antiquarian"]，载《瓦尔堡和科陶尔德院刊》[Journal of the Warburg and Courtauld Institutes] 13, 1950年，第285—315页，也见于莫米利亚诺：《史学史研究》，第1—39页）指出，不仅是希腊罗马的史学家反思历史，此外还有大量的古物学家，尽管他们的著作已失传，但毋庸置疑，他们较少关心事件与过程，而是着眼于广义上的制度，也就是"持续的状态""和平的历史"。这是否意味着，我们所观察到的希腊罗马与中国古代史学的差异是由于选取著作不足造成的，并因此在更广泛的文化特征层面没有说服力？

斯人大规模的军事威胁而开始。[33] 希腊人的胜利扫除了其他一切可能性，长久地决定了后世的集体记忆。在这一事件后的未来几十年中，希腊城邦的政治更倾向于扩张，特别是雅典以其深谋远虑的军事战略崭露头角。雅典的大获成功招致此前的霸主斯巴达不断与其对抗。这种竞争最终导致了伯罗奔尼撒战争，它使公元前5世纪末的希腊世界人人屏息。可想而知，诞生于此时的希腊史学尤为关注历史中的战争一面，关注在大型战争中那些历史发展的决定性瞬间。

　　罗马的情况有所不同。公元前200年，罗马史学与史诗均开始诞生，罗马史诗自其伊始便以历史史诗为形式。也正是此时，罗马从城邦国家崛起为地中海世界的霸主，进入其发展的决定性阶段。罗马的崛起有赖于对敌人的军事胜利，这些战争环环相扣、日益重大，在扩张的不同阶段，罗马总是与其对手（近乎）势均力敌。因此毋庸置疑，对胜利历史的书写与解释构成了罗马史学主要的兴趣所在。这就是说，历史中的战争一面是罗马史学的首要主题。人们从塔西佗的名言（《编年史》，4.32）中也可以看到战争的影响如何延续到后世，即使在塔西佗所处的时代，罗马不再有势均力敌的对手，因此战争也不再是政治中的决定因素。

　　当我们考察《荷马史诗》时，事情会变得复杂。公元前8世纪的希腊绝非特殊的军事混战年代，也不存在特定的外部威胁。然而，倘若研究《荷马史诗》的诞生背景，应将其思想主旨与其创作时代的历史局势联系起来。除荷马所处的世纪外，还应考虑迈锡尼

---

[33] 下文参见 C. 迈耶：《史学的诞生》（Chr. Meier, "Die Entstehung der Historie"），载柯史莱克、斯坦普尔：《历史：事件与叙述》（R. Koselleck, W. -D. Stempel [hgg.], *Geschichte-Ereignis und Erzählung*），慕尼黑，1973 年（收入《诗学与阐释》[*Poetik und Hermeneutik*] 丛刊第 5 号），第 251—305 页；其修改后的版本载于氏著《古希腊政治的起源》，法兰克福，1989 年（第 2 版），第 360—434 页。迈耶：《战争在古代雅典的作用》（"Zur Rolle des Krieges im klassischen Athen"），载《历史杂志》(*Historische Zeitschrift*) 251，1990 年，第 555—605 页。科贝特，1986 年。

时期、迈锡尼文明中心的毁灭以及紧随其后的"黑暗时代"。[34] 对于这些问题此处不做展开。然而，显而易见的是，若要解释《荷马史诗》的内容取向特征和思想主旨，仅仅引用其创作前漫长历史中多变的政治局势是远远不够的。

在阐释中国古代文学、史学的内容取向和规范观念时，现实政治所提供的线索也十分有限。一方面我们可以思考，意识形态上最重要的文本《尚书》诞生于周代早期，《诗经》中最重要的政治诗也涉及这一时代，周朝还是第三个在这个庞大国家内建立中央政权的朝代。此后很长一段时间，它都没有受到严重的外部威胁。因此在这样的环境下，国家的良好治理和维护内部秩序成为政治的主要问题不足为奇，而军事安全和对外扩张则退居其后。同样顺理成章的是，司马迁也遵从这一思路，他的《史记》写于秦始皇重新统一中国的一百年余后，此时的汉朝政局稳定。

另一方面也需要指出，周代早期并非完全免于外患。公元前8世纪下半叶的外敌威胁使其向东迁都，东周时期也是战乱不断。司马迁所生活的时代更是正值汉武帝大举扩张。尽管中国史学中的战争不能与西方的等量齐观，然而它需要一份额外的解释。最容易的解释是，它与一种特定的世界观的发展有关，即中国所谓的"天下"包含着对世界政治秩序的设想，由此战争与内政事件同等，它仅仅被理解为脱离了统一秩序的常态。[35]

---

[34] 相关问题参见 J. 拉塔茨：《荷马导论》（J. Latacz, *Homer. Eine Einführung*），慕尼黑—苏黎世，1985 年，第二章："荷马：个人、环境、时间、作品"（Person, Umwelt, Zeit und Werk Homers）。拉塔茨：《荷马研究二百年：回顾与展望》（*Zweihundert Jahre Homer-Forschung. Rückblick und Ausblick*），斯图加特—莱比锡，1991 年，劳拉契研讨会（Colloquium Rauricum），第二卷，第二章"荷马与古代历史研究"（Homer und die althistorische Forschung.）

[35] 参见拉尔夫·莫里茨：《混乱中的震惊与痛苦：世界反思的两个出发点》（R. Moritz, "Das Staunen oder das Leiden an Unordnung - zwei Ansatzpunkte von Weltreflexion"），载莫里茨：《新研究中的汉学传统》（*Sinologische Traditionen im Spiegel neuer Forschungen*），莱比锡，1993 年，第 91—136 页，尤其是第 103—105 页。

当然，对于希腊罗马与中国古代史学内容取向差异的原因，上述思考未能回答。然而，将这一差异作为必须得到解释的问题（explanandum）置于研究视野中是更为重要的。

二、希腊与罗马和中国

如前所言，在研究的第二部分，我们将讨论罗马与中国古代史学在重要问题上彼此更为相近的现象，其相近的程度要超过两者分别与希腊史学的相似性。

这由史家的目标便可见一斑。希罗多德在其全书的开篇陈述了若干初衷[36]：一方面他寄希望于"为后世保存有关人类事迹的记忆，使希腊人和蛮族人建立的丰功伟业不致被遗忘"。同时，他又想向人们讲述他们（即希腊人和蛮族人）为何陷入对立和战争。[37]因此这里希罗多德的中间立场是明确的。在记忆中保存往昔的丰功伟绩也是《荷马史诗》的主旨之一。[38]理解所述事件的原因同样是修昔底德著史的重要目标。他的方法论一章清晰展示了这部作品在他看来关乎何物：他希望读者理解历史进程的本质和合法性，鉴于人性的恒定，读者能够更好地判断政治局势，预知未来的发展。[39]波里比乌斯也将阐明历史进程间的联系与政治的本质

---

[36] 希罗多德：《历史》第一卷，前言。
[37] 此处及下文，参见莫米利亚诺：《文学史研究》。
[38] 参见《伊利亚特》，9.189；《奥德赛》，8.73。
[39] 修昔底德：《伯罗奔尼撒战争史》，1.22.4："我这部历史著作很可能读起来不引人入胜，因为书中缺少虚构的故事。但是如果那些想要清楚地了解过去所发生的事情和将来也会发生的类似事件（因为人性总是人性）的人，认为我的著作还有一点益处的话，那么，我就心满意足了。我的著作不是只想迎合群众一时的嗜好，而是想垂诸永恒。"译文参考中译本修昔底德：《伯罗奔尼撒战争史》第18页，译文略有修改。

视为其作品至关重要的目标。[40] 然而,他此外还讲述了第二层含义,即史学对其受众人格和行为的影响。[41] 就此他触及了罗马史学家尤为关注的一点,然而不能因此推断,波里比乌斯被罗马人的思考和感情所影响。[42]

罗马史学家在相关言论中尤为强调其作品的道德效用。撒路斯特在《朱古达战争》的开篇中尽管没有直言,但也清楚写道:史学对人类社会大有裨益,因为当后人回忆起祖先的丰功伟绩时心情无法平静,直到他们自己也为国效忠,成就无愧于祖先声誉的事业。[43] 李维《罗马史》的前言以同样的观点作结,他强调了历史

---

[40] 例如波里比乌斯:《通史》,2.56.11—12:"历史著作与悲剧的目标并不一致,而是相反。悲剧通过直入人心的词句在瞬间俘获观众,打动他们。史书则通过记述真实事件和言论,长远地教导求知者,使其拥有正确的信念。因为对悲剧来说,令人印象深刻是其衡量标准,无论它是否为杜撰,它所引发的正是观众的幻觉。相反,史书参照的是事实真相,其主旨是使读者从中有所收获。"此外见 3.7.4—5:"我将这些事情置于一个尽可能开放的讨论中,不是为了批评史学家,而是为了教导求知的读者。正如一位医生如果不清楚引起病痛的原因,那么他对患者有何帮助呢? 一位政治家如果不能判断某事如何、为何、从哪里开始,那么他怎样才能称职?"

[41] 作者在著作开篇介绍了两个目标(1.1.1—3):"如果早先的历史学家未曾讴歌历史,那么或许我有必要以此书激励所有人热切地关注这类著作,因为就指导我们选择正确道路而言,没有比认识历史更为合适的。这些历史学家并非少数,也并非随意而为,而是无一例外地宣称,历史的教导是最可靠的教育,是从政生涯的训练,历史讲述了改变他人命运的转折瞬间,通过这发人深省的也是唯一的教育方式,人们在自身遭遇灾难时,得以有尊严地承担命运带来的浮沉。因此,即使重新讲述过去多次论及的题目,也没有人会质疑,至少我们是这样。"

[42] 弗那拉有力地论证了这一影响,见《古代希腊与罗马文明中历史的性质》,第114—115页。

[43] 撒路斯特:《朱古达战争》,4:"……他们一定会相信……我的无所事事(即,以史学为业)较之别人的积极活动对我们的国家会有更大的助益。我常常听说,克温图斯·玛克西姆斯、普布利乌斯·斯奇比奥和我们国家的其他著名人物都惯于宣称,每当他们看到自己祖先的面具的时候,他们心中都会燃起追求德行的熊熊烈火。当然,他们的意思并不是说制造肖像的蜡对他们会有任何这样的力量,而只是说,由于回忆起祖先的丰功伟绩时他们的心情无法平静,直到他们以他们自己的勇敢精神也干出了无愧于他们祖先的声誉和光荣的事业。"译文参考撒路斯提乌斯:《喀提林阴谋和朱古达战争》,王以铸、崔妙因译,北京:商务印书馆,1994年,第218页。译文略有修改。

考察的作用，即它为读者提供榜样，使他们能基于自身和国家的利益，知道什么值得效仿，什么应当避免。[44] 最后，即使是最为悲观的塔西佗也期待他的史书能有某种道德功用，他在《编年史》中将此功用称为史学的首要任务，即致力于"保存人们所建立的功业，并且使邪恶的言行面对后世的责难有所畏惧"。[45] 罗马史学家无疑也认为，应向读者传达对事件原因的洞察。然而一方面，这种洞察几乎一直局限在探究政治成功和失败的道德原因上，这点于我们的讨论至关重要；另一方面，直接的道德感召在相关言论中举足轻重。与此相一致的是，罗马史学家会毫不犹豫地说明他们如何对历史参与者及其行为做道德评判。

反观中国史学，便会发现它与罗马史学的首个显著相似之处。中国史学家也将史学的道德训诫视为其首要任务。早在《尚书》中便记载了当下统治者应以史为鉴的观点，即，如上下文所示，从前代君主的行事中汲取教训，以防重蹈覆辙。[46] 此外，无论是《左传》的作者还是司马迁，均将《春秋》理解为一部以道德规范为主旨的著作。《左传》中反复阐明，《春秋》如何通过选取或省略特定词语来表达褒贬。[47] 其中一处明确写道："故君子曰，春秋

---

[44] 李维：《罗马史》，序言 10："在认识历史时，尤有裨益的在于，你可以注意到载于昭昭史册中各种事例的教训，从中为你和你的国家吸取你所应当效仿的东西，从中吸取你所应当避免的开端恶劣与结局不光彩的东西。"译文参考李维：《建城以来史：前言·卷1》，穆启乐译，上海：上海人民出版社，2005年，第21页。译文略有修改。

[45] 塔西佗：《编年史》，3.65.1："关于元老院的建议，我认为我只应当提到那些特别高尚的和特别恶劣的建议。只有这样，我认为才符合人们撰述历史的首要任务……"译文参考塔西佗《编年史》，北京：商务印书馆，1981年，第185页。略有改动。

[46] 《尚书·召诰》："我不可不监于有夏，亦不可不监于有殷。"

[47] 例如《左传·隐公元年》"书曰：'郑伯克段于鄢。'段不弟，故不言弟；如二君，故曰克；称郑伯，讥失教也；谓之郑志。不言出奔，难之也。"引自杨伯峻：《春秋左传注》（修订本），北京：中华书局，1990年，第14页。

之称微而显，志而晦，婉而成章，尽而不污，惩恶而劝善。"[48] 与此相似，司马迁在《史记》的最后一篇中援引并赞同了一位前人的观点，即孔子作《春秋》的用意在于"是非二百四十二年之中，以为天下仪表"。[49] 鉴于《春秋》篇幅简短，这种阐释令人难以信服，当代的汉学家大多也不认同。然而，在我们的讨论中，这点并不重要。重要的是，《左传》的作者和司马迁均以这样的方式理解《春秋》，并有意识地继承了《春秋》重视道德训诫的传统。

至于《左传》，我们则无法明确引用这类陈述，因为流传下来的这部著作并不包含作者关于自己的陈述。然而无论如何，我们可以从它的历史记述中发现，它对《春秋》的评注很大程度上也适用于其自身。作者记叙史事的同时几乎总会撰写直接或间接的评论，而这些评论大多为道德评判，因此总体而言，《左传》向读者传达的不仅是历史事件的信息，还有道德取向。[50]《史记》的情况更为复杂，正如司马迁在全书的最后一篇中写道，一方面他的父亲认同《春秋》的评注，决意效法孔子述史，司马迁自身也将完成父亲遗志视为一项崇高的使命；另一方面，不久后司马迁便明确认为不能将《史记》与《春秋》相提并论，然而这也许是中国式的故作谦虚。如同那些以道德评判为取向的评注一样，司马迁在众多篇目中均采用了这一方法。[51]

---

[48]　《左传·成公十四年》。

[49]　《史记》卷一三〇《太史公自序》。"上大夫壶遂曰：'昔孔子何为而作春秋哉？'太史公曰：'余闻董生曰：'周道衰废，孔子为鲁司寇……是非二百四十二年之中，以为天下仪表，贬天子，退诸侯，讨大夫，以达王事而已矣。'……拨乱世之正，莫近于春秋。"

[50]　参见《左传·隐公元年》。"遂为母子如初。君子曰：'颍考叔纯孝也，爱其母，施及庄公。'《诗》曰：'孝子不匮，永锡尔类。'其是之谓乎！"

[51]　以下仅举也许是最有说服力的一例。《史记·酷吏列传》"然此十人中，其廉者足以为仪表，其污者足以为戒，方略教导，禁奸止邪，一切亦皆彬彬质有其文武焉。虽惨酷，斯称其位矣。至若蜀守冯当暴挫，广汉李贞擅磔人……水衡阎奉朴击卖请，何足数哉！何足数哉！"

比之希腊史学家，罗马与中国史学家在其历史著述的主旨上更为接近。在希腊史学家笔下，分析所述史事的因果关系、揭示历史进程的本质尤为重要。相反，罗马和中国史学家更注重传达道德垂鉴。

罗马与中国古代史学区别于希腊史学的第二点在于对历史的解释，它们观察历史中的决定性力量，观察历史事件间相互作用的方式，并从中形成其观念。毋庸置疑，恰恰在这一点上，希腊史学涵盖的范围尤为广大，本文所选取的三位史学家无法呈现一幅统一图景，与修昔底德接近的波里比乌斯作为两位史学之父以外的第三人，展现出希腊史学相当片面的一面。无须赘述的是，只有希腊史学中诞生了诸如修昔底德这般的史家，至少他的历史观与罗马及中国古代史家的截然不同。

在希罗多德笔下，神对历史的影响还清晰可见。在神的旨意之外，事件中人的动机同样被强调，有时甚至完全取代了前者[52]，而修昔底德从根本上完成了史学的"人性化"（Humanisierung）[53]。他认为人性足以解释历史事件。[54] 对他而言，人性被贪欲所驱使，追逐物质财富特别是政治权力，又害怕失

---

[52] 参见 L. 胡贝尔：《希罗多德史学中历史事件的宗教与政治动机》（L. Huber, *Religiöse und politische Beweggründe des Handelns in der Geschichtsschreibung des Herodot*），博士论文，图宾根，1965年。对战争原因的分析尤其可参见莫米利亚诺，1966年，第113—116页，及科贝特，1986年，第8—11页。

[53] 修昔底德的历史观，参见 W. 施努乐：《古典时代的希腊史学》（W. Schuller, "Die griechische Geschichtsschreibung der klassischen Zeit"），载 J. M. 阿隆索－努涅斯主编：《古代世界的历史形象和历史思想》（J. M. Alonso-Núnez[Hg.], *Geschichtsbild und Geschichtsdenken im Altertum*）达姆施塔特，1991年，第90—112页。此处为第100、105页。

[54] 解读修昔底德的这一观点存在方法论上的困难，因为他在论述很多基本问题时并非以自己的名义，而是经常通过当事人之口。当事人发表的言论与修昔底德所想是否相同，常常引起争论。不过至少存在一些情况，其中若干当事人，特别是来自不同战争派别的人，众说纷纭并最终达成一致。这时我们可以推测，这些人的一致意见也是作者即修昔底德自身的想法。

去物质和权力。[55] 贪婪与恐惧相应地决定了个人与国家的行为以及他们彼此相处的方式。人们在政治斗争中引用法律与道德的说辞，不过是为了掩饰自身的企图、真正的利益。只有在当事人双方获利均等时，联盟和条约才有效。[56] 如果所有人都是这样，那么胜利最终取决于一个国家的军事、政治实力。而后者一方面由各自的民族性格和生活秩序决定，另一方面与历史决定性阶段的领袖人物有关。在修昔底德笔下，在伯罗奔尼撒战争的两位主人公身上，在现代的、崇尚自由的、充满活力的雅典人和保守的、对生活严格控制的、顽强的斯巴达人身上，以及在很多政治领袖和沙场将领身上，这两点体现得尤为明显。[57]

波里比乌斯的历史观没有那么激进，但基本上可以与之等量齐观。对权力的追逐和对自身安全的担忧对他而言也是自然之

---

[55] 雅典人的代表在与米洛斯人的对话中说："关于神祇的庇佑，我们相信我们和你们都有神祇的庇佑。我们的目的和行动完全合于人们对于神祇的信仰，也适合于指导人们自己行动的原则。我们对于神祇的意念和对人的认识都使我们相信自然界的普遍和必要的规律，就是在可能范围以内扩张统治的势力，这不是我们制造出来的规律；这个规律制造出来之后，我们也不是最早使用这个规律的人。我们发现这个规律老早就存在，我们将让它在后代永远存在。我们不过照这个规律行事，我们知道，无论是你们，或者别人，只要有了我们现有的力量，也会一模一样地行事。所以谈到神祇，我们没有理由害怕我们会处于不利的地位。"（5.105.2—3）同样，在希腊人统治下的西西里岛，其政治领袖赫莫克拉提斯号召人们团结起来反抗雅典时发表演说："雅典既有这些野心，一定会根据这些野心来制订它的计划，现在这是完全可以理解的。我现在不是责备那些坚决要统治的人们，而只是责备那些更愿意屈服的人们。对于一般人说来，如果对方对于侵略不加抵抗的话，他们自然会获得控制权；如果我们既知道这一切，而不采取预防的办法，那么，我们是大错了。"（4.61.5—6）译文参考修昔底德：《伯罗奔尼撒战争史》，第417、302页。

[56] 参见米提林的使者在奥林匹亚面对斯巴达人及其盟友的讲话："一个同盟的安全保证是在平等的基础上互相畏惧；因为，那么想要破坏信用的一方顾忌到它不一定操有胜算，就不敢了。"（3.11.2）译文参考修昔底德：《伯罗奔尼撒战争史》，第189页。

[57] 值得一读的文献参见 H. 贡德特：《修昔底德论雅典和斯巴达》（H. Gundert, "Athen und Sparta in den Reden des Thukydides"），载《古典杂志》（Die Antike）16，1940年，第98—114页。亦载于 H. 赫尔特编：《修昔底德》（H. Herter [Hg.], Thukydides）[同《学术之路》（Wege der Forschung）]，达姆施塔特，1968年，第114—134页。

事。他认为罗马人的胜利除了有赖于他们的能力、远见和领袖的作用，也应归功于罗马人的生活秩序。同样，他回避了对历史进程做道德说教。当他在错误与失败间建立联系时，他宁愿以心理分析的方法迂回前进，例如，不安使人错误行事，即使良心是好的人也因此失去了自信。[58]

人们在过往研究中经常强调，罗马诸史学家的历史观有细微差别。[59] 引发深入探讨的问题集中在，其一，罗马如何从城邦国家崛起为世界帝国，其二，罗马的衰亡可能在什么地方表现出征

---

[58] 明显的例证是波里比乌斯描写第二次布匿战争中迦太基的战败。李维认为，迦太基人在战争爆发之初便是有罪的，神通过让他们战败使之弥补过失。相反，波里比乌斯认为，战争的罪责问题无法明确回答（3.30）。然而，迦太基人在战争结束之时直接打破了合约，这在他看来是不义的，因为他们在汉尼拔班师回营后蔑视已缔结的和平协定，并劫掠了罗马人的船。波里比乌斯将这种不当行为与迦太基在扎马的失败联系起来，尤其与西庇阿形成鲜明对比。西庇阿在迦太基打破协定后，仍毫无障碍地释放了尚在罗马大营中的迦太基使者。然而，他的这一解释不是神学的，而是心理分析的。（15.4.9—12）"因为他（西庇阿）知道，他的家乡对待不伤使者这一问题是多么严肃，他考虑的并非是迦太基人应受什么惩罚，而更多是怎样合乎罗马人的规范。因此他抑制了自己对事情的愤怒和痛苦，追溯父辈的习俗，恪守祖先的榜样。西庇阿以其宽宏大量羞辱、戳穿了敌人的丧心病狂，他使迦太基人和汉尼拔失去了内心的镇定以及对战争至关重要的勇气。"李维将（迦太基人的）行为与艰难处境理解为罪责与惩罚，而波里比乌斯将其视为因果联系。这是两种相互对立的解释模型，H. 凯尔森（H. Kelsen）以"复仇"和"因果"区分两者，并研究其产生次序。参见 H. 凯尔森：《复仇与因果》（Vergeltung und Kausalität），维也纳、科隆、格拉茨，1982 年第 2 版。值得注意的是，在这里，时代较早的作家即希腊人波里比乌斯采纳了较晚出现的"因果"解释原则，而较晚的罗马作家李维则使用了更为古老的"复仇"理论。

[59] 参见 H. 德雷克斯勒：《罗马人的道德历史观》（"Die moralische Geschichtsauffassung der Römer"），载《文理中学杂志》（Gymnasium）61，1954 年，第 168—190 页。R. 克莱恩编：《罗马人的国家思想》（R. Klein [Hg.], Das Staatsdenken der Römer），达姆施塔特，1980 年（同《研究之路》46），第 255—287 页。V. 波西尔：《罗马人的历史观》（V. Pöschl, "Die römische Auffassung der Geschichte"），载《文理中学杂志》（Gymnasium）63，1956 年，第 190—206 页。波西尔：《文学与历史真实，短论集 II》（Literatur und geschichtliche Wirklichkeit. Kleine Schriften II），W. -L. 利伯曼（W. -L. Liebermann）编，海德堡，1983 年，第 60—77 页。G. 珀尔：《罗马共和国与帝国时代的史学》（G. Perl, "Geschichtsschreibung in der Zeit der römischen Republik und in der Kaiserzeit"），载《史学杂志》（Klio）66，1984 年，第 562—573 页。

兆，罗马史学家们将这两个问题归因于道德。撒路斯特、李维，甚至在某种意义上塔西佗也包括在内，均认为罗马及其生活秩序的道德优越性是罗马取胜的主要原因，而处处可见的道德败坏则是一场潜在的政治灾难的征兆和原由。[60] 早在撒路斯特的首部著作中，以道德优越为基础的历史之"法"便成为其关键论点："一个政权倾向于以它最初获胜的方式维持其统治。然而，一旦安逸取代了殚精竭虑，享乐之欲与傲慢取代了自我控制与正义，那么道德态度的转变同时也将引发外在局势的改变。记住这点，一个政权总能从弱小走向强大。"[61] 尽管这种观点在神学上含义非常模糊，然而若说众神帮助罗马取得了胜利，因为以道德而论它受之无愧，（以及众神也会将罗马推入毁灭的深渊，如果它道德败坏），这些观念对罗马史学家而言并不陌生，他们也明确地以此阐释历史。[62]

倘若研究中国史学家的历史观，《春秋》可以忽略不计，因为它微言大义的叙事使外行观察者不能以此阐释其中关系松散、相互

---

[60] 这一史观集中表现在撒路斯特《喀提林阴谋》的第一附录中（第6—13章），以及李维《罗马史》前言中的若干段落（9—12）。有研究认为罗马帝国的衰亡是由其道德败坏引起的，参见波西尔：《塔西佗和罗马帝国的衰亡》（V. Pöschl, "Tacitus und der Untergang des römischen Reiches"），载《维也纳研究》（Wiener Studien）69，同《列斯基纪念文集》（Festschrift A. Lesky），1956年，第310—320页。波西尔：《短论集II》，第201—211页。

[61] 撒路斯特：《喀提林阴谋》，2.4-6。

[62] 此处尤其适用于李维，相关段落参见E. 伯克：《李维历史著作》（E. Burck, Das Geschichtswerk des Titus Livius），海德堡，1992年，第92—93页；李维的宗教、哲学和道德思想，参见P. G. 沃尔什：《李维》（P. G. Walsh, Livy），剑桥，1961年，第46—65页。重印载于E. 伯克（编）：《李维之路》（E. Burck [Hg.], Wege zu Livius），达姆施塔特，1987年，第486—507页。撒路斯特，参见《朱古达战争》14, 19。塔西佗最被引用的段落出自《历史》1.3.2。"相互连带的正义"（iustitia connectiva）这一观念在自2世纪后半叶形成的东方史学思想中以不同形式呈现。参见扬·阿斯曼：《文化记忆：早期高级文化中的文字、回忆和政治身份》（J. Assmann, Das kulturelle Gedächtnis. Schrift, Erinnerung und politische Identität in frühen Hochkulturen），慕尼黑，1992年，第六章"法律精神促成史学的诞生"（Die Geburt der Geschichte aus dem Geiste des Rechts）。

并列的事件，中国的注疏传统则不同。[63]

与之相反，《尚书》的记载提供了很好的解读空间。在这些（可能为原创）的篇目中，周王室在刚刚以武力击溃商朝统治并取得政权后，基于清晰的自身利益发展出了天命观。[64]这一理论认为，只有德性能使一位君主或一个王朝的统治名正言顺。当皇室家族成员有失德性时，上天将从这一家族中收回天命，转交给另一家族。后者的首要使命是，在民众的支持下推翻旧王朝，以重新建立好的统治。这里所隐含的是在道德意义上解释历史，它将政治的成功和失败直接与德行的优劣联系在一起。

《左传》中的历史观也是如此，尽管鲜有作者以自身名义阐释史事的事例，然而他经常将此观点间接通过当事者或更多是旁观者的言谈传达给读者。[65]《左传》以此表达的历史观和信息是明确的：人的命运掌握在自己手中。德行助人成功，劣行致人失败。如果将这部著作称作"道德因果手册"也不足为奇。[66]

司马迁的历史观总体来看确实比《左传》中所体现的更为成熟，然而仍可视同一律。这在著作的第一部分"本纪"中尤为明显。其中，司马迁完全遵循了前文论及的《尚书》中的理论，仅仅将其泛化。王朝的更迭自有其模式，王朝初年的诸统治者德行完美，因此得以建立政权、开疆拓土，王朝末年的统治者们道德堕

---

[63] 参见金守拙：《春秋释义》（G. A. Kennedy, "Interpretation of the *Ch'un-Ch'iu*"），载《美国东方学会会刊》（*JAOS*）62/61，1942年，第40—48页。

[64] 参见《尚书·召诰》："我不敢知曰有殷受天命惟有历年，我不敢知曰其延，惟不敬厥德乃早坠厥命。今王嗣受厥命。"

[65] 对此类型可参考以下事例，即一位或多或少并未参与事件的观察者如何遵从这一评判体。《左传·隐公四年》："公问于众仲曰，卫州吁其成乎。对曰，臣闻以德和民，不闻以乱，以乱，犹治丝而棼之也。夫州吁阻兵而安忍，阻兵无众，安忍无亲，众叛亲离，难以济矣。夫兵，犹火也。弗戢，将自焚也，夫州吁弑其君，而虐用其民，于是乎不务令德，而欲以乱成，必不免矣。"自然，众仲的预言应验了。

[66] 华兹生：《中国早期文献》，第47页。

落，因此上天收回天命，将它移交给新的王朝，后者在民众的支持下推翻旧政权并取而代之。[67]

司马迁自然不相信，众生的个人命运全然遵照奖善惩恶的原则，尤其是《史记》最末一部所记述的。然而值得注意的是，道德阐释的模式在此处也屡屡出现。一个很好的、令人惊讶的例子是商鞅的传记。商鞅是秦国第一位改革者，他的变法引发了半世纪后中国重新统一这一重大事件。商鞅是法家的代表。法家相信，通过对日常生活无所不至的法律管理能使一个国家内政高效、外交强势。商鞅领导实施的两次变法使秦国完成了中央集权和军事化，并在事实上显著增强了秦国国力。然而司马迁认为商鞅变法偏离了传统之"道"，即君主并非通过法律，而是通过自身榜样治理国家。因此，他批评商鞅推行变法是寡情和傲慢的。秦孝公死后，他的大臣商鞅因遭贵族嫉妒，被密谋陷害而死。在司马迁看来，这仅仅是对他德行不义的公正惩罚。此类解释出现在一个无关外界事件发展的场景里。当商鞅以阴谋俘获敌方将领并最终击败邻国后，他站在了权力之巅。此时，司马迁记述了一位睿智的隐士前去劝谏商鞅，以说服他改变自身的行事："教之化民也深于命，民之效上也捷于令。今君又左建外易，非所以为教也。君又南面而称寡人，日绳秦之贵公子。《诗》曰：'相鼠有体，人而无礼，人而无礼，何不遄死。'以诗观之，非所以为寿也……《书》曰：'恃德者昌，恃力者亡。'君之危若朝露，尚将欲延年益寿乎？"在支持他的君主去世后，商鞅很快也应了预言死于非命。司马迁在本篇结束时评论

---

[67] 参见《史记》中对商汤代夏这一进程的记述。《史记·夏本纪》，"桀不务德而武伤百姓，百姓弗堪……汤修德，诸侯皆归汤，汤遂率兵以伐夏桀。桀走鸣条，遂放而死。"《史记·殷本纪》，"汤曰：格女众庶，来，女悉听朕言。匪台小子敢行举乱，有夏多罪，予维闻女众言，夏氏有罪。予畏上帝，不敢不正。今夏多罪，天命殛之。……桀败于有娀之虚，桀奔于鸣条。"

道："商君，其天资刻薄人也……卒受恶名于秦，有以也夫！"[68]

尽管司马迁基于道德论述了部分人的命运，然而如上所述，他绝不轻信他可以如此解释每个人的命运。诚然，在司马迁看来，历史学家的职责正在于补偿不公正的命运，使人物应得的荣辱流于后世。司马迁与罗马史学家的相似之处在于，他基本上认同道德的高尚与卑劣是政治成败的基础。同塔西佗一样，当他在个例上发现恶者得胜、善者失败时，仍认为历史学家的本职是铭记并正确评判人与事的善恶，使之传之后世。[69]

接下来是罗马与中国古代史学的第三个相似之处，它再次与叙事结构有关，但这里探讨的并非上文所述的整体结构，而是作品各部分中的叙事结构。在此，我将以罗马和中国古代史学的相似之处为论据，对希腊史学只是一笔带过，因为它的独特性需要更为全面、细致地加以论证，进而超出了本文的框架。

我认为这里涉及一个现象，在此前学者们多次观察到它，勒菲弗尔（E. Lefèvre）更是就此展开纲领性的研究。[70]在两篇相关的论文中，他展示了罗马史学以"教化"取代"认知"，以"深意"取代"客观真理"，以"被叙述的意义"取代"叙述过程"的取向如何体现在叙事结构上。事实与事实群体（Fakten-Komplexe）

---

[68]　《史记·商君列传》。

[69]　此处隐藏的想法是，这两位义士"尽管因为"抑或"正是由于"他们的美德和正义才不幸早逝。（华兹生：《中国伟大的史学家司马迁》，第187—190页）

[70]　E. 勒菲弗尔：《罗马人道德史学中的论证与结构——以撒路斯特的朱古达战争为例》（E. Lefèvre, "Argumentation und Struktur der moralischen Geschichtsschreibung der Römer am Beispiel von Sallusts Bellum Iugurthinum"），载《文理中学杂志》（*Gymnasium*）86，1979年，第249—277页；勒菲弗尔：《罗马人道德史学中的论证与结构，以李维的自建城以来（2.1-15）为例》（"Argumentation und Struktur der moralischen Geschichtsschreibung der Römer am Beispiel von Livius' Darstellung des Beginns des römischen Freistaats"），载勒菲弗尔、E. 奥尔斯豪森编：《李维的著作及其接受——埃里希·柏克80岁生日纪念文集》（E. Lefèvre, E. Olshausen [Hgg.], *Livius. Werk und Rezeption. Festschrift für Erich Burck zum 80.Geburtstag*），慕尼黑，1983年，第31—57页。

可以被省略或是组成新的语境。"最重要的是,叙事群体(Erzähl-Komplexe)的各部分经常不是直接地联系在一起,而是仅仅由决定性的意义来引导。"叙述并非自然地展开,而是消解在逐个的故事和衔接中。它的整体性不体现在所述事件的具体推进,而在于由阐释单个事件的思想所构成的抽象链条中。[71]

在那篇详尽解读撒路斯特的长文中,勒菲弗尔首先证明了其叙事上的省略以及单个事实、尤其是事实群体间的转换。其次,他举例说明从事件外在进程中独立出来的场景,它们有着更深层的论证意义。然而对我们的讨论更为有趣的是勒菲弗尔对李维的解读,在这篇文章中他更深入处理了小段文本,并平行比较了它在希腊史学中(哈利卡纳苏斯的狄奥尼修斯和普鲁塔克)的流传。希腊作家在其叙事中连续而自然地展开外在事件,而李维却把不同的部分过程彼此分开,并将它们划分为单一的故事或场景,使之作为相对独立的叙事单元用以解释特定的价值观念。[72]

在第二篇论文的结尾,勒菲弗尔有针对地总结了其解读的结果:"罗马史学著作就像一条全然相连的链条,作者在思忖后将一张张彩色图像置于其上……然而每幅图像的含义只有在参照其所依附链条后才成立。这意味着,如果人们不从承载图像的链条上,而从一个较低的视角来观察,那么他不能正确理解、甚至不能正确认识这些图像是如何彼此联系的。"事实上,人们不能从左到右,而只能一直从链条的上端向下观察这些图像,因为它们彼此间经常毫不相干,而是独立的部分。罗马史学与希腊史学最本质

---

[71] 勒菲弗尔,1979年,第255—256页。

[72] 与希腊史学中的记载不同的是,穆修斯·斯卡沃拉(Mucius Scaevola)和克莱利亚(Cloelia)的故事彼此独立,以至于后者"在情节逻辑上冗余,甚至毫无意义"(勒菲弗尔,1983年,第51页)。此外,两个故事分属不同章节,各自部分又为特定的价值观念统领。总体来说,两者传达的理念相同,克莱利亚故事相当于穆修斯故事的重复。

的区别在于，后者中的各个图景通常以连贯地序列排列，能被拼接为一张有机的挂毯，使读者轻易能从水平的视角，即从左至右来观察。[73]

当然，勒菲弗尔在此有些过度阐释了。然而，尽管他正确指出了罗马史学区别于希腊史学的特定的基本倾向，却同样相信这里涉及的是结构，它在罗马文学的其他领域以及罗马人的绘画中也有所体现。对我们的讨论尤为有趣的是，人们从考古学的视角——它独立于勒菲弗尔的研究——所发现的表现原则与勒菲弗尔所分析出的李维的叙事原则惊人地相似，这也证明了历史事件在罗马图像艺术中的再现。[74]

类似的观察同样适用于我们在此探讨的中国史学。从它的叙事结构（微观结构）上可以明显发现，在这里，在更低的层面上，叙事不断划分成小的、相对独立的单元。这划分对全书结构（宏观结构）而言，尤其对《史记》的结构，已然是典型的。对《尚书》而言，宏观与微观结构的差别并无太多意义，因为作品的篇幅有限。但重要的是，大部分由单个言论、单个场景或单个政令构成的段落组成了全书。一方面，它们在实用的层面上彼此间互不相关；另一方面，在理念的层面上，它们又部分地相互联系。《春秋》仅仅简要记载了一系列独立事件，对此我们已多次论述，因此对它

---

[73] 勒菲弗尔，1983年，第53—54页。
[74] T. 赫尔舍：《罗马表现艺术中的历史观》（T. Hölscher, "Die Geschichtsauffassung in der römischen Repräsentationskunst"），载《德国考古研究院年鉴》（Jahrbuch des Deutschen Archäologischen Instituts）95，1980年，第265—321页。为了说明上述现象惊人的相似性，我仅引用赫尔舍对图拉真柱浮雕的分析（第296页）："场景顺序遵循了所述行为、事件的时间发展……然而，我们不能仅从编年史的角度理解这些场景，而应在脑海中预先构想一份战争报道，这样才能理解它们清晰的不连贯性以及令人费解的重点所在，我们需要通过另一既定目标来解释它们，即在事件顺序、动态的发展中，被强调的是一个由理想的基本观念构成的静态系统，它决定了罗马的卓越和伟大。"

的叙事结构也无从谈起。但至少值得注意的是，这些独立事件指向一套特定的价值系统，它们所产生的丰富的注疏传统在这里也建立了一种思想上的联系，这是我们此刻要探讨的问题。

真正能在叙事层面上与西方作品相比较的首先还是《左传》。我们在其中确实能找到一种叙事结构，它与罗马史学中的极为接近。[75]尽管《左传》包含了若干联系紧密的叙事单元，但呈现的一再是众多彼此相对独立的情节或场景，它们首先由共同承载的思想意义联系在一起。我用一例来证明。

鲁宣公二年，晋灵公在晋国遇害。[76]其叙事过程可作如下概括：叙事以描述晋灵公统治的基本特征开始，为的是随后以鲜明事例说明灵公的残暴。而后的一幕短场景在两位大臣间展开。灵公在最近事件中的残暴专制使他们深感震惊，他们准备通过劝勉和

---

[75] 对《左传》文学手法的最新研究可参见王靖宇：《早期中国叙事学：以〈左传〉为例》（J. C. Y. Wang, "Early Chinese Narrative: The Tso-chuan as Example"），载浦安迪编：《中国的叙事：批评与理论文汇》（A. H. Plaks [ed.], *Chinese Narrative: Critical and Theoretical Essays*），普林斯顿，1977年，第40—66页。艾朗诺：《〈左传〉中的叙事文》（R. Egan, "Narrative in the Tso-chuan"），载《哈佛亚洲研究杂志》（*Harvard Journal of Asiatic Studies*）37，1977年，第323—352页。

[76] 《左传·宣公二年》：晋灵公不君：厚敛以雕墙；从台上弹人，而观其辟丸也；宰夫胹熊蹯不熟，杀之，置诸畚，使妇人载以过朝。赵盾、士季见其手，问其故，而患之。将谏，士季曰："谏而不入，则莫之继也。会请先，不入则子继之。"三进，及溜，而后视之。曰："吾知所过矣，将改之。"稽首而对曰："人谁无过？过而能改，善莫大焉。《诗》曰：'靡不有初，鲜克有终。'夫如是，则能补过者鲜矣。君能有终，则社稷之固也，岂唯群臣赖之。又曰：'衮职有阙，惟仲山甫补之。'能补过也。君能补过，衮不废矣。"犹不改。宣子骤谏，公患之，使鉏麑贼之。晨往，寝门辟矣，盛服将朝，尚早，坐而假寐。麑退，叹而言曰："不忘恭敬，民之主也。贼民之主，不忠。弃君之命，不信。有一于此，不如死也。"触槐而死。秋，九月，晋侯饮赵盾酒，伏甲将攻之。其右提弥明知之，趋登曰："臣侍君宴，过三爵，非礼也。"遂扶以下，公嗾夫獒焉。明搏而杀之。盾曰："弃人用犬，虽猛何为。"斗且出，提弥明死之。初，宣子田于首山，舍于翳桑，见灵辄饿，问其病。曰："不食三日矣。"食之，舍其半。问之，曰："宦三年矣，未知母之存否，今近焉，请以遗之。"使尽之，而为之箪食与肉，置诸橐以与之。既而与为公介，倒戟以御公徒，而免之。问何故。对曰："翳桑之饿人也。"问其名居，不告而退，遂自亡也。乙丑，赵盾攻灵公于桃园。

斥责使之改过。由于意识到任务的艰巨性，他们决定分别进谏。在下一场景中，第一位劝谏的大臣还算幸运，似乎取得了成功：灵公承认了自身的错误行径，使这位大臣相信，他打算改正过错。下文简要叙述了灵公并未改过自新。这意味着，以上我们读到的场景对事件进程没有影响。接着第二位大臣采取了行动，他的劝谏并未以场景形式呈现，而只限于描述。其后果是灵公大怒，派人谋杀劝谏者。随后再次出现场景详述，它描述了领命刺杀的人如何不愿与这位恪尽职守的大臣交手。一方面他知道，这位大臣不应受到死刑的惩罚；而另一方面，他顾忌不能尽职，违背灵公的命令。因此对他而言，出路只有自尽。此后是新的一幕。此时，灵公准备亲自杀死劝谏的大臣。他请劝谏者赴宴，以图在席间将其杀害。然而这次谋杀又未能得逞。其一，大臣忠实的仆人察觉了这一刺杀计划，及时将他从宴会厅内救出，却牺牲了自己的性命。其二，灵公的一名卫士在关键时刻掩护大臣逃走，因为他在数年前曾受到大臣的救助。从后文中我们得知，晋灵公日后为一位未被提及的人所杀害。

　　这则小故事引人注目的地方在于，它所描述的几乎所有情境均不能推进事情的发展。两位大臣的劝谏无果，即使是灵公对劝谏大臣的谋杀也是无功而返。事情的外在局势在五十行之后与在五行之后丝毫不差：晋国有位不义的君主。此后事件才有所进展：不义之君遇害，然而杀害他的人此前从未在文中出现，并且此次谋杀与前文所述场景并无关联。

　　那么，以上三四个场景既不推动外在情节发展，也不与形势的最终变化直接相连，它们有何作用？所有这些场景的设置，其目的显而易见。它一方面展示了君主的道德败坏，另一方面突出了其他人的道德品质：首先是两位进谏的大臣，也还包括领命的杀手、后一位大臣的仆人与对大臣心怀感恩的卫士。这些联系松散的场景目的在于，如李维（《罗马史》前言10）所说，使读者从事例中吸取他们应当效仿和避免的。从叙事结构中可以看出，作者的主旨不在于讨论和描述过去事件连续的外在发展，也不在于准确重构事件的各个部分与阶段，而是在于以抽象的主线串联相关场景中的思想观念，借此传达一种道德取向。[77]

将叙事划分为一系列独立的轶事或场景，使它们由自身所承载的道德启示联系在一起，这在《史记》的大部分篇目中也清晰可见。在"本纪""世家"、尤其是"列传"中这一特征反复出现。由于篇幅所限，我不逐一分析，在此仅引用西方最著名的司马迁研究者华兹生的观点作为佐证。他在其鸿篇巨著的开篇写道："克罗齐说过，'趣闻轶事为教育者提供了他们所需的范式'。中国上古时代的史学家们在最宽泛的意义上都是教育者，他们竭尽所能使用轶事，在发展轶事的复杂性与文学精妙性上远比西方同侪技高一筹……通常中国史书几乎通篇由戏剧性的情节和场景构成（这也是我的研究）……《史记》更是囊括了丰富的此类轶事。"[78]

重新回到对照组，我们已总结出希腊史学与罗马、中国古代史学间的差异，由此得以具体评价上述三种史学传统。希腊史学和罗马、中国史学之间的差异是传达历史信息相比于传达道德取向之差异；是强调人的欲望和能力相比于强调道德与不道德的品行，并视之为政治成败的基础之差异；是连续的、均匀流畅的叙事相比于强调、罗列单个传达道德启示的轶事与场景之差异。就以上全部比较点而言，希腊史学比之其余两者更接近现代意义上对史学的理

---

[77] 上述分析与汉学家艾朗诺（Egan）的多处论述相符（本章见注释75），后者这样评价《左传》和其他史书："它们的目的在于以直白的史事去教学。缺乏详细的背景交代正是其叙事背景，即，价值是所有行动、所有重要事件的根本所在。风格的简明使历史场景不会与意在阐明道德因果的主旨相冲突。"

[78] 华兹生：《中国伟大的史学家司马迁》，第 VIII 页。陶泽德也认为，在"帝国史中"，"轶事与插曲主要构成了叙事框架"，《中国早期文献》，第 77 页。

解，即史学能提供什么，它应如何看待事物。尽管希腊史学在三者中最为古老，却比那些"更进步的"史学还要现代。

希腊史学再次在学术层面上显示出它引领方向的独特地位。然而，随之而来的问题是，罗马与中国古代史学的记述方式是否仅仅代表落后，还是提供了另一种文化上的可能性，使它区别于希腊史学而拥有特定的内在价值。在希腊人所取得的所有伟大成就中，罗马人与中国人或许在一个方面超过了希腊人，那就是政治成就。至少，若是人们以建立并维持庞大的统一政权、把城邦扩展作为帝国为政治成功与否的标准——希腊史学家也愿意采用这一标准，或者他们已将其视为己有——那么，罗马人与中国人在政治上的成就非希腊人所能望其项背。分析一民族的政治成就与其史学的固有特征间的联系，也许不无道理。当然，笔者的意思并非是说要在两者之间建立起简单的因果关系，认为相比认知而言更注重道德教化的史学是政治成功必要的和充分的条件。如果这样认为，那就高估了史学家们的影响力。我想要说明的是，可以这么说，即相比于希腊史学体现出来的批评性和科学精神，以及以不偏不倚的、不抱幻想的方式看待生命与世界的能力，作为罗马和中国史学之母体、并且通过史学表达出来的统治阶层较为保守、注重道德传统的态度取向，也许更有助于一个古代政治实体的稳步发展和维护。

然而，这一类的思考范围过大，而不可能在此得出甚至是初步的结论。我们不如做更有意义的事情，即在这第二部分临近结尾的时候，来看看我们是否能够解释古代希腊、罗马和中国这三个史学传统显现出来的特定的、出人意料的特征和相似性。倘若我的理解正确，罗马与中国古代史学在特定方面的共性多于两者分别之于希腊史学的，这一特征在它们各自的社会政治语境下，即在它们各自的话语情境与史学家们的社会地位上，体现得更为明显。

希腊科学性史学的诞生在希波战争的经历外还应归结于以下

两点：一方面是希罗多德故乡爱奥尼亚[79]的开放气息，另一方面特别是修昔底德故乡——民主的雅典的思想氛围。希罗多德也曾长期在此居住，并得以朗读自己的作品，或许还深受其影响。[80] 迈耶曾多次论述，公元前5世纪在雅典出现的文化革新与民主制度的建立紧密相连。[81] 他将这一激进的革新描述为时代剧变，从一个以先定的法律和普通人无法企及的政治秩序为特征的时代，转变到一个新时代。在这个时代里，每一项法律都必须根据当时的需要和认知得到解释，政体被纳入当时人们的把握和控制之下，政策必须向为数众多的公民予以说明，并且得到他们的认可。在这样的情形之下，发展出了非同寻常的对理性的重视和一种前所未有的信念，即相信通过认知，我们有可能不断进步。迈耶的分析极富启发，也具有说服力，这种特殊的精神气候成为古希腊智识生活发展、尤其是批判性史学诞生的重要先决条件。

此外还应指出，第一批史学家的社会处境是他们能够与叙事保持距离、做到客观公正的另一前提，即它是保证其著作学术性的重要因素。希罗多德和修昔底德（包括其后的波里比乌斯）均出身于家乡城市的贵族名门，由于不同原因背井离乡，常年客居在外。他们以个人身份撰写史书，更确切地说，他们脱离了原有的社会关系，深陷于陌生环境中。这意味着，他们站在社会的边缘写作，因而对超越党派偏见、保持清醒的洞察力颇有裨益。

我们若是以此比较中国史学的社会政治背景，会发现它们截

---

[79] 参见 K. v. 弗里茨：《希腊史学和精确科学的共同起源》（K. v. Fritz, "Der gemeinsame Ursprung der Geschichtsschreibung und der exakten Wissenschaft bei den Griechen"），载《自然哲学》(Philosophia Naturalis) 1，1952年，第200—223页。

[80] 参见迈耶：《古希腊政治的起源》，第360—434页。

[81] 同上书，第422—424页。

然不同。[82]一方面，在孕育了《尚书》《春秋》和《左传》最初版本的上百年里，中国的政治局势比之公元前5世纪希腊的局势大相径庭，它们唯一的共性是多元化。在中国出现了众多林立的诸侯国，同在古希腊一样，这种局势使学者和思想家们得以在诸国间游历，各事其主。另一方面，古希腊政局的多元化不仅体现在大量独立的政治实体各自为政，还在于它们还有不同的政体，民主政治这一新形式得以诞生，极大地显示出这些政体的活力。相反，在中国，随着周王室中央权力的不断衰微，各自独立的诸侯国却沿袭了同一种政体，即君主制。这种情况或许直接影响了政治、哲学辩论的内容与方式，因为这些辩论大多以公共生活的问题为对象。其一，这种讨论的模式表现为向统治者建言献策，争鸣尤其集中在统治者的谋士之间。其次，可能的活动空间以及潜在的变动范围都是有限的。这两个因素导致了和希腊相比，中国的辩论更需遵循传统的规范与价值。相应地，对现状进行激烈质疑、从而走向根本的理性主义立场的趋势就不那么明显。

中国史学天衣无缝地嵌合于这种话语中，它尽管具有活力，却实际上形成相当保守的方式，而史学家的地位即已使之然。在中国，史学的发展有赖于特定的宫廷职位即史官。[83]商代时史官肩负着记录仪式上弓箭比武的使命。此后，史官的职务与日俱增：掌管日历，推算吉日凶日记录占卜，修撰、搜集文书，以及记录重大政治事件，尤其是记录所侍君主的言行。史官的记录活动是出现

---

[82] 下述观点受惠于如下著述：G. E. R. 劳埃德：《探秘心态》（G. E. R. Lloyd, *Demystifying Mentalities*），剑桥：剑桥大学出版社，1990年，第105—134页，第四章"研究示例：中国与希腊，对比与反差"（A test case: China and Greece, comparisons and contrasts）。

[83] 下文参见 O. 福兰阁：《中国史学的意义》（O. Franke, "Der Sinn der chinesischen Geschichtsschreibung"），载福兰阁：《汉学文集》（*Sinologische Arbeiten*）第3期，1945年，第470—487页，尤其是第475—479页。韩玉珊，1955年，第1—10页。华兹生，1958年，第71—73页。陶泽德，1984年，第77—79页。施寒微，1990年，第49—50页。何莫邪，1995年。

《尚书》和《春秋》这类作品的前提条件，或者说，它们直接出自史官之手。更重要的是，从特定时刻起，史官记载史事的职责与他们追求公正评判所述人物事件的理想密不可分，为了据事直书，即使承担肉体与死亡的风险也在所不惜。《左传》和《史记》中均提到在这一道德准则上表现杰出并因此牺牲的史学家。毫无疑问，这种理想塑造了中国史学，无论史家是否为官方所任命。

罗马的情况在类型学上处于希腊和中国之间，然而在某些方面更为接近后者。

罗马中心地位的形成取决于其社会政治形势。与公元前5世纪的希腊不同，罗马充其量只有形式上的民主[84]，而实际上它是略加伪装的元老院贵族统治，或者说是其领导集体即显贵的统治。在这里，重大政治问题的讨论不像雅典那样出现在人民大会上，也不像中国那样产生于朝廷的议政中，而是取决于国家的贵族领导机构元老院的会商。众所周知，这一领导群体的理念带有浓厚的保守主义色彩，即遵从传统的价值规范体系，遵从祖先之法（mos maiorum），他们的讨论较少诉诸理论和理性，而是不断地查照传统价值与规范。[85]

由于这种思想也决定了罗马史学，因而其史学家们长期出身于贵族精英阶层，这并不令人惊奇。罗马史学的重要雏形是祭司年代记（Pontifikalannalen）。史料表明，它在形式与内容上与《春

---

[84] 罗马宪法中民主成分的意义可参见 M. 耶内：《罗马的民主？罗马共和国政治中的民众角色》（M. Jehne [Hg.], *Demokratie in Rom? Die Rolle des Volkes in der Politik der römischen Republik*），斯图加特，1995 年。

[85] 参见 K. -J. 霍尔凯斯坎普：《范例与祖先之法：对贵族阶层集体记忆的思考》（K. -J. Hölkeskamp, "Exempla und mos maiorum. Überlegungen zum kollektiven Gedächtnis der Nobilität"），载于 H. J. 耶尔克、A. 默勒编：《历史与生活世界：社会交往、传统构建与历史意识》（H. J. Gehrke, A. Möller [Hgg.], *Vergangenheit und Lebenswelt. Soziale Kommunikation, Traditionsbildung und historisches Bewußtsein*），图宾根，1996 年，第 310—338 页。

秋》十分相近。不仅如此，由于时任祭司负责撰写史事，他的职责范围与史官通常类似。然而，一旦史学得以高度发展，它便为元老院贵族即政治统治阶层成员所掌控。他们曾经全部担任官职，倘若足够年轻，还能再次任职。最后值得一提的是，罗马最为显赫的官职之一是监察官，其职务主要是监督公民的道德和习俗。公元前2世纪，两位重要的史学家在撰写史书前均在这一职位上成绩卓著[86]，这也许并非巧合。罗马史学被打上了监察官的烙印，对此人们总体上不予否认，并且还多次强调。[87]

下一步将要研究的是，本文后半部分所讨论的希腊、罗马和中国古代史学间的异同是否能置于更广泛的背景下，具体而言，罗马与中国古代史学间的共同点是否有赖于罗马与中国古代文化的相似之处。在此基础上，我们将得出一个总体性结论，借此或许也能回答，罗马与中国为何拥有异常稳定的政治统治。

然而，本文就此不做展开。一篇不久前发表的文章也指出，此项研究将会成果丰厚。在这篇文章中，马丁（J. Martin）试图阐明尽管希腊文化和罗马文化交往密切，它们还是发展和保存了"持久的特质"。[88]这项观察对于中国、罗马的文化比较也意义重大。一系列的参照点表明，罗马与希腊在历史情境上的相异之处，正是罗马与中国相接近的地方：它们各自"由复杂的社会关系维系，社会关系遵循严格的等级制度"；它们的世界图景不同于希腊的"众神的冲突"，而是将宇宙理解为与人有关的统一秩序；它们"高度

---

[86] 大加图（M. Porcius Cato）和卡尔普尔尼乌斯·庇索·弗鲁吉（C. Calpurnius Piso Frugi）。

[87] 中国史学家与监察官在职能与职位的密切关系参见韩玉珊，1955年，第3—5页。

[88] J. 马丁：《两段古老历史：希腊、罗马比较历史学与人类学观察》（J. Martin, "Zwei alte Geschichten. Vergleichende historisch-anthropologische Betrachtungen zu Griechenland und Rom"），载于《世纪》（*Saeculum*）48，1997年，第1—20页。

重视"国家的"制度特征"。[89] 这些被马丁用来研究罗马的问题同样适用于中国,甚至在更高的尺度上与中国更为契合。未来希腊罗马与中国古代文化的比较研究中将不乏这些出发点。

（李文丹　译）

---

[89]　J. 马丁:《两段古老历史：希腊、罗马比较历史学——人类学观察》,第5、12、17页。

第二章　论古代希腊、罗马和中国史学中的认知视域与社会功用

> 战战兢兢，
> 如临深渊，
> 如履薄冰。
> ——《诗经·小雅·小旻》

跨文化比较研究面临困难。首先，这种大胆的尝试需要一种必备的多面的能力，然而几乎没有人能具备这样的能力。此外，跨文化比较研究处于这样一种困境中，它既要把研究的材料缩小在可验证的范围之内，同时还要确保材料的基本状况具有代表性。在文学领域中，将关注点集中于"经典作品"上，不失为一种可行的方法。所谓经典作品是指这样一些作品，它们从某个特定的时间点开始，便被承认具有典范意义，并且对相关传统产生影响，因而它们被认为是这类作品的代表。正如我在其它场合所详细论证的那样，我认为这种方法可以运用于古代希腊、罗马和中国史学研究案例中[1]。

我提出下列著作作为范例，以便对这三种传统进行比较研究：在中国方面包括"五经"中的两经《尚书》和《春秋》，中国

---

[1] 参见第一章有关论述。我非常感谢卡尔-约阿戏姆·赫尔克斯坎普（Karl-Joachim Hölkeskamp）和约恩·吕森（Jörn Rüsen），因为他们两位的鼓励和支持，使我在此文章所开始的比较研究中有所进步。

最早的叙事体史书《左传》，以及中国史学最重要的作品司马迁的《史记》；在希腊方面包括希罗多德的《历史》、修昔底德的《伯罗奔尼撒战争史》和波里比乌斯的《通史》这三部杰作，而在罗马方面则包括撒路斯特的《喀提林阴谋》《朱古达战争》，李维的《罗马史》(《自建城以来史》)和塔西佗的《历史》《编年史》。

下文中我们要探讨关于上述作品的两个问题。第一，每部作品中的历史事件范围有什么样的界定和结构？我们所指的不是由有明确主题的事件所构成的范围，而是由该著作所提及的历史事件的总体范围，特定的单一事件或群组事件是以这个总体范围为背景，受到突出的描述，而得到我们的审视和理解[2]。我们把每一部作品所提及的历史事件的总体范围称之为它的"界域"。本文的第一部分试图描述上述作品的"界域"特征[3]。我们研究的第二个问题则与每部作品的创作意图和预期作用有关。对此在研究界域问题时会有所涉及，但第二部分会进行专门探讨。同研究界域问题一样，在研究预期目的问题的时候，我们会用小型的类型学方法，我

---

[2] 具有明确主题的事件的范围同所提及的全部事件的范围相比，可以是一回事，但并非一定如此。在多数情况下，被提及的全部事件的范围要比具有明确主题的事件的范围或多或少更大些。

[3] "认知视域"（Sinnhorizont）这个名词的缺点在于："界域"（Horizont，地平线）最初只是指把地平面一部分和天穹分开的分界线，不是指观察者和地平线之间视野可及的地平面部分，这后者是我们所说的"认知视域"。但在近代哲学中，Horizont 的广义用法即已形成传统，我们可以在近代以来的哲学家那里看到（参见亨斯克、颜森和谢那尔所撰的"界域"[N. Hinske, P. Janssen, M. Scherner, "Horizont"]，载《哲学历史词典》[*Historisches Wörterbuch der Philosophie*] 第3卷，1974年，第1187—1206页）。莱布尼茨用这个词指人类知识的范围（第1195页）："界域（Horizont）是包括人类已知事物并用来表示特殊的人类知识领域"。在鲍姆嘉通的《美学》中也使用了完全类似的表达（第1196—1197页）。同时还可以比较胡塞尔对这个名词的使用（第1200页）："在有意追求的经验中所实际上获得的对象，绝不会只是通过完全被孤立的和隔绝的、完全不确定和不知道的方式被获得，而是作为在内在相互联系的、作为既在情景之中又在情景之外的事物而被认知。事实上我所认知的每个事物，都有它自己的界域（Horizont，晕圈、背景、知觉领域）。"

们要探讨的核心问题是，在多大程度上"界域"与"作用"之间是相互关联的[4]。

一

在研究上述作品所呈现的"界域"的时候，让我们首先从希腊历史学家的作品开始。这些作品的第一个共同点在于，作为这些著作主要内容的事件，发生在最近或者不久之前。他们所记述的事件显然具有某种现实性。此外，这三位历史学家的家乡也与他们所记载的这些事件有直接关系。希罗多德的爱奥尼亚、修昔底德的雅典即是如此，波里比乌斯的阿卡亚在他所描述的几十年的历史中，最终成为罗马势力范围的一部分。

尽管这三位历史学家所记述的历史具有现实性，尽管他们的家乡与之有相关性，但这三部作品中的界域并没有变得狭窄。恰恰相反，三位历史学家都显示出一种卓越的能力，能够置身于出生城市和家乡之外。当然，希罗多德原来的家乡爱奥尼亚在他著作的

---

[4] 希腊—罗马史学和古代中国史学的比较研究状况，从20世纪90年代中期以来并没有根本的改观，只取得了很小的进步（参见第一章，注释6）。关于司马迁的研究，有两部新出版的、值得阅读的西方专著，即杜兰特：《模糊的镜子：司马迁著作中的紧张和冲突》（S. W. Durrant, *The Cloudy Mirror: Tension and Conflict in the Writings of Sima Qian*），纽约，1995年；哈迪：《金文和竹简的世界：司马迁对历史的征服》（G. Hardy, *Worlds of Bronze and Bamboo: Sima Qian's Conquest of History*），纽约，1999年。两者均从比较角度进行研究，仍然以语言的研究见长。另有一部刚出版的有关古代史学的论文集，即克劳斯主编：《史学的局限：古代历史著述中的文体与叙事》（C. S. Kraus [ed.], *The Limits of Historiography: Genre and Narrative in Ancient Historical Texts*），莱顿，1999年，其中除了有研究希腊罗马以及研究古代东方史学的文章之外，还有两篇研究古代中国史学的文章（然而并不是比较研究，而是纯汉学研究）。除此之外，首要值得关注的是一个较大的比较研究课题，主题是"古代希腊与古代中国的知识与智慧"，它在史学方面亦进行了比较研究。见冼克曼和杜兰特：《塞壬与圣人：古代希腊与中国的知识和智慧》（S. Shankman and S. Durrant [eds.], *The Siren and the Sage: Knowledge and Wisdom in Ancient Greece and China*），纽约，2000年，"第二部分：在哲学之前与之后：修昔底德与司马迁"，第79—156页。这项工作的主要内容同我现在的研究相比有根本的不同，我会在其他场合做出解释与讨论。

某些部分中起到一定的作用,而且他的暂居地雅典自然是他历史描述的主体之一,但是他也重点描述了希腊的其他地区和城市。尤其显著的是,他还以同样的篇幅记载了异邦人、异邦帝国和他们的统治者。修昔底德痴迷于雅典及其政治和文化上的成就,但是他并未从雅典人的视角而是从一个客观的观察者和分析者的立场,记载伯罗奔尼撒战争。波里比乌斯的主题并非他的国家如何融入罗马帝国,而是罗马如何崛起,成为世界的统治者。因此,历史学家的家乡的命运在三部记载中各自发挥着某种作用,但对他们的观点并不起决定性作用。

但是有明确主题的系列事件的时空范围,就整体而言,与这些著作的界域相比,并不是一回事。其实我们会有这样一种印象,在上述三个案例中,历史学家在叙述中所涉及的界域,即在描述中同时出现的背景,从整体上囊括了人类历史。另外一方面,作为前景的主题事件被当作例证、甚至是最具有典范意义的例证(因为它们是最引人注目案例)来进行研究和描述,目的在于揭示人类历史的本质是什么,以及人们会根据什么原则在政治领域中采取主动行动或者被动忍受。这就意味着,叙述对象如统治者、城市和帝国可能出现的结局——更确切地说,是在历史不断延续的同时历史著作可能出现的结尾,总是存在于作者内心深处。某些段落对这种关系做出了特别清晰的描述。

希罗多德在序言中谈到自己著作的主题包括广大的地理范围和种族范围,声称自己著作的主题为"人类的功业"以及"希腊人和异邦人那些值得赞叹的丰功伟绩"。这不会仅仅限于爱奥尼亚和雅典。他在后文中写道(1.5.3-4):"……我要把我的历史叙述下去,无论城邦的大小,我要同样对待;因为其中很多城邦,以前曾经强大,现在却变得弱小,而在我的时代强大的城邦,以前曾经是弱小的。因此我认为,人类的幸福不会停留在一个地方,我会同样关注这两者的。"我们读到这里就会明白,位于希罗多德记载的前景中的不仅有地理—政治的界域,还有时间长度的界域[5]。

与之相同,修昔底德的描述主题即伯罗奔尼撒战争,同样被放在了所谓的人类历史的界域之中。在他记载的开篇,修昔底德明确地说明,他之所以选择记载这场战争是因为它是"影响希腊人和一部分蛮族人的最大的骚动","影响到人类绝大部分"(1.1.2)。为了证明自己的结论,他审视了以前的历史,并尽可能搜集各种史料[6]。修昔底德的历史视野也包括了未来。依据所谓的考古学,在关于方法论的一章的结尾(1.22.4),他认为如果自己的作品能为"那些想要清楚地了解过去所发生的事情和将来也会发生类似事件的人"提供有益的判断,他自己会感到满足。作者并未提到在那个未来的时代,雅典会丧失了霸权。但是,他间接地援引一个例证,即伯里克利第三篇演讲词的著名段落,谈到这个城市智慧和力量会化身为一个凡人。修昔底德认为根据一切事物的自然规律,此人会看到这个城市走向衰落[7]。

---

[5] 迈斯特提到希罗多德记叙的基础是"通史概念",并认为"世间万物皆短暂的思想"是"他的记叙的中心思想"。见 K. 迈斯特:《古代希腊的历史书写:从开端到希腊化时代末》(K. Meister, *Die griechische Geschichtsschreibung. Von den Anfängen bis zum Ende des Hellenismus*),斯图加特,1990年,第28、38页。毫无疑问,这两者都是恰当的。

[6] 在与希腊地区比邻而居的民族和帝国的问题上,修昔底德并没有像希罗多德那样对民族学的强烈兴趣,这一点是很明显的。虽然我们看到他对于以前历史中的战争行为的概述,原则上包括了非希腊世界,但是他的关注点首先是希腊世界。然而,他的兴趣特别地放在了直接叙述的对象身上,即伯罗奔尼撒战争,那个时代中最强大的两个希腊城邦之间的纷争。修昔底德在他著作的序言部分要提出的就是这样一个证明,这场在希腊两大势力中心之间爆发的军事纷争,是有史以来最重要的事件。

[7] 参见2.64.3,请同时参见1.10.2。作为其思想的一种实验方式,修昔底德注意到了,不仅斯巴达而且雅典将会在未来丧失霸权并衰落。

在波里比乌斯的案例中，我们也发现了极其相似之处，他不仅赋予他的主题——罗马崛起成为世界的主宰——一种量变的独特意义（与希罗多德和修昔底德相同），而且还认为，随着罗马人建立了对世界的统治权，罗马历史（作为已发生的事件）呈现出一种新的质变的"体"征（1.3.4）。因此，他的这部历史（作为描述）具有一种通史的视野，对此我们并不感到惊异[8]。在著作的开始（1.2），他回顾了旧日帝国的更替过程（波斯帝国、斯巴达帝国和马其顿帝国）。在第三卷开端的第二篇序言中，他提到了未来。为了证明他更改最初的计划、并且把他的记载延续到在皮德纳（Pidna）战争之后的合理性，他认为一定要增补内容，描述罗马人通过什么手段，在赢得这次战争之后最终获得了霸权，因为这样才可以为世人和后人留下对罗马人的最终评价（3.4.7）："因为显然这样的记载将能够让世人看到他们能否谋求或避免罗马的霸权，也能告知后人他们是应当赞美和敬仰罗马帝国，还是厌恶它。"如果这种意图还不够明确，那么我们会在第六卷的序言中看到进一步的说明，虽然其主要的关注点在于阐述罗马力量强大的原因，但波里比乌斯也认为罗马并不能摆脱循环周期规律而永远存在，它不能摆脱生长、成熟、衰落和灭亡的自然法则[9]。因此，在波里比乌斯的《通史》中所产生的历史界域便远远超出了其本来的描述之外，尽管这种描述具有特定之处。最终同希罗多德和修昔底德一样，波里比乌斯的"界域"包含了"人类所已知的范围"。

但是撒路斯特、李维和塔西佗的著作呈现出另一种画面。正如前文所言，他们的著作代表了罗马史学的三种主要形态：即专题

---

[8] 除了下文中所提到的或者引用的段落之外，请参见5.33，在这里，波里比乌斯劝告那些写作通史的历史学家，要同这些作家区分开来，他们虽然声称要写作通史，但是在实现其承诺的时候，却离这种要求差得远。

[9] 着重参见该书第57章。

著作、通史和断代史。这些著作形态的不同之处首先在于它们所记载的事件的时间跨度。然而如果读者带着我们的第一个问题，仔细地观察它们的时候，就会得出一个清晰的结论，即无论它们属于哪一种类型，在所有描述中所引起的历史的界域都是相同的：它们囊括的是罗马历史，而且是其总体发展过程，但其视域只限定在罗马史上。罗马历史作为案例，不仅被当作一个范例、而且是唯一的范例来看待。此外无须关注其他的东西。

不仅李维《罗马》中的界域从整体上包括了罗马历史，而且撒路斯特和塔西佗的专题著作和断代史的界域也是如此，从这些著作的前言和插叙中我们可以清楚地看到这一点。最先提到这一点的是撒路斯特的《喀提林阴谋》（6-13）中的第一个较长的插叙。这位史学家用娴熟的笔触勾勒了罗马历史发展的全景，因为在他看来这场阴谋只有同这种发展过程相对照才可以理解，同时也只有如此这场阴谋才能记载得最为清晰和最令人感到震惊。同样，在第二本专著中，撒路斯特把朱古达战争当作一连串事件之一来介绍，之所以重要，是因为它标志了罗马内政的一个新的开端："……这是第一次为抵抗贵族的蛮横而发动的战争"（5.1）。同样，在一段所谓关于政治派系斗争的插叙中（41-42），他概述了平民和贵族的斗争史，并将其作为朱古达战争时期国内冲突的背景（而在《卡提林阴谋》中的一大段插叙中，他把罗马毁灭迦太基看作是划时代的历史事件）。最后，尽管撒路斯特的断代史《历史》只有残篇流传下来，但在序言中我们已经看到以罗马通史为界域的特点并有明显的悲观主义色彩观点，作者看到了当时的政治派系常常相互倾轧，只有出于对外敌入侵的恐惧才肯罢手（残篇第12，Maurenbrecher 编）。

塔西佗也是如此。在《历史》和《编年史》这两部著作的前言中，塔西佗指出了自己的著作在罗马史学发展过程中的位置，而将罗马史学的发展放在罗马历史发展的背景前观察和理解[10]。但是在正文中，塔西佗有时会通过简短的回顾，来唤醒读者意识中罗马历史总的发展过程。作为例证，我引用作者在奥托（Otho）和维特里乌斯（Vitellius）的决战之前的一段插叙。在这段记载中，塔西佗简单概括了罗马的集团和个人对权力的贪欲，认为这种贪欲通过罗马霸权的扩张而持续增长，随着帝国的形成而爆发出来，最终导致了内战。他以此来驳斥这样一种观点：在贝德里阿库姆战斗之前，存在两军和解的重大转机（《历史》2.38）[11]。

因此，不仅是李维的《罗马史》，撒路斯特和塔西佗的著作也把罗马历史当作一个整体来看待。这体现在两个方面，其一是台伯河边的村落的令人惊异的发展，其二是从霸权的建立至作者所处的当代之间，道德的衰落导致其地位陷入危机中。

更为让人棘手的可能是上文所提出的第二种论点，即罗马的历史不是被当作众多例证中的一个例证来看待，而只是当作唯一的例证，一个唯一会引起关注的例证。但是《喀提林阴谋》前言（2.6）中的说法却与这种论断相悖："因此权立总是从能力较差的人手中转入能力较强的人手中。"这便出现了这样一种设想：政治权力的中介（统治者、城市、帝国）都受到这样一个基本法则的制约，权力将会

---

[10] 政治史中具有决定性意义的转折点不再是毁灭迦太基，而是君主制导致共和制度的解体。塔西佗在《历史》中（1.1.1）清楚地看到了君主制对于历史著作的影响，在《编年史》中他却从君主制的第二代人开始写起（1.1.2），自然有其原因，他在第二个案例中解释了为什么他的记述在奥古斯都的死亡后才开始。

[11] 另一个例子出现在《历史》中，塔西佗在记载维特里乌斯攻占卡皮托林山并发生大火的时候，充满激情地回顾了卡皮托林山的历史（3.72）："这是罗马建城以来所犯下的最可悲的、也是最可耻的罪行。罗马没有外部的敌人，只要我们的风俗不越轨，诸神对我们是仁慈的。可是我们的祖先通过相应的占卜仪式、作为帝国大全的保诚而修建起来的、至善至大的朱庇特神殿，就连波森纳……和高卢人……都不敢破坏的这座神殿，却被皇帝的疯狂所摧毁……"。在《编年史》中可以举出几个引人注目的段落，例如对财务官（11.22）和对城界（12.23-24）的历史的回顾；此外还有在内容上与序言相联系的一段插叙，表明了塔西佗的史学特征同共和时代的史学特征之间的不同之处（4.32-33）。

属于或者交给拥有最高美德标准的人。这种论断似乎具有极其普遍的意义。但是必须说明的是,撒路斯特在其直接的语境中谈论的是居鲁士、斯巴达人和雅典人,而不是罗马。有人会这样认为,撒路斯特意识到如果罗马无法阻止普遍存在的道德沦丧的话,罗马会丧失其优势,甚至会灭亡,但是他的理智的洞察力认为这只是一种理论上的可能性,事实上他并不相信这会变成现实。

李维的著作中也时隐时现出一种对罗马灭亡的忧虑,但并未明确说明。在前言中他断言,道德的没落会加速衰落,以至于同时代的人既无法忍受罪恶本身,也无法承受对这种罪恶的补救措施(§9)。

在塔西佗身上我们也看到了相似之处。在《日耳曼尼亚志》中他忧郁地暗示"帝国的宿命即将迫近"(33.2),并且在《历史》(1.3.2)中他明确地指出"众神所考虑的并不是我们的幸福,而是对我们的惩罚"。但是最终罗马的灭亡问题并不在他考虑范围之内,或者更确切地说,同撒路斯特和李维一样,这不过是一种对灾难的模糊的揣测,它处于对未来具体发生事件的设想的界域之外[12]。

---

[12] 尽管上述结论不会受到反驳,但是我仍然诚实地指出,《历史》中有一段有关犹太历史的插叙,对历史的追溯在另一个方向上,已经超出了罗马的范围(5.2-10)。然而,然而这段非罗马的历史并不是独立于罗马历史之外的。相反,之所以提到犹太和耶路撒冷的历史,是因为对这个城市的毁灭的描述跟罗马人有直接的关系。与之相应,此演讲回顾了一系列的帝国更替过程,如亚述、米底、波斯、马其顿和罗马帝国等,但这种思想并不是指一个前后相继的过程,也绝非存在罗马灭亡的可能性。相反,在这个插叙的最后一章正好描述了犹太历史是如何融入罗马历史的(5.9及下一段)。此外,公元4世纪的作家阿米安仍然自然地信守罗马永恒的思想,这不仅出现在他著作中的所谓第一个罗马插叙部分(14.6,尤其第3段),而且出现在对亚德里亚堡惨败的描述之后(31.5.11-17)(参见莫米利亚诺:《历史与史学著述选》,穆斯特、尼佩尔、格拉夫腾编 [A. Momigliano, *Ausgewählte Schriften zur Geschichte und Geschichtsschreibung*, hg. von G. Most unter Mitwirkung von W. Nippel und A. Grafton],第1卷《古代世界》,斯图加特,1998年,第373—386页,尤其是第383—384页)。在这里他将罗马历史等同于人的年龄变化,但他陷入到一种困境中,并可笑地试图摆脱这些困境,他觉得罗马在老年的时候可以从一个生理意义上的人变成法律意义上的人,将管理国家的遗产权力委托给他的孩子,即罗马皇帝:"就像一位节俭的父亲,聪明而富有,将管理遗产的权力委托给皇帝,他的孩子"。(14.6.5)

我们将两种界域做一对比：原则上希腊历史著作中的界域是"世界范围的"。包含了"人类的已知范围"，即人类历史的整体。它包括的地域是由多个中心构成的，所描述的不仅包括了特定主体（统治者、城市、帝国）的起源与兴盛，而且包括了其衰落和灭亡，无论这是一个现实还是未来的期望。而罗马史学中的界域比较狭窄，它包含的是罗马历史的整体，除此之外没有其他。它所包括的地域只有一个中心，尽管这个中心——罗马的（并不辉煌的）起源和（令人惊异的）崛起过程总是在意识中出现，但是，罗马的衰落和灭亡之不过是一种潜在的威胁，并不当作必然的未来实现的结果看待。

我们转而研究中国的史学著作。首先我们会感到它们与罗马的著作有共同之处：中国的著作包括的是帝国历史的整体，除此之外没有其他。

《尚书》再现了从传说中的尧帝时代（公元前3000纪）一直到东周早期（公元前7世纪）的法令、对话和演讲，几乎包含了中国历史的整体。此外，在其"后世"的材料中，相当多的内容与早期历史有关。例如周公（周朝的建立者武王之弟）的演讲词，这些演讲词是给武王未成年的儿子的，周公为其摄政。演讲词部分针对年幼的国王，部分是针对被推翻的商代显贵。几乎所有周公的演讲都讲到，牢记天命历史——即夏代和商代的命运——的重要性，并且要为自己的行为承担后果[13]。最早的中国历史文献以及最早的中国历史文献汇编的界域包括了早期中国历史的整体，这是由朝代

---

[13] 参见《召诰》："相古先民有夏，天迪从子保，面稽天若；今时既坠厥命。今相有殷，天迪格保，面稽天若；今时既坠厥命。今冲子嗣，则无遗寿耇，曰其稽我古人之德……我不可不监于有夏，亦不可不监于有殷。"相同之处体现在《多士》《无逸》和《君奭》。在"古文尚书"的一些文献中也涉及过去的历史。商王盘庚在他的关于迁都的讲话中，多次援引"先王"（《盘庚》等），最后一位商王的仆从提到禹，这位传说中的治水英雄和夏朝的建立者（《洪范》）。

更替组成的帝国史的整体。

这种界域也会在后世的文献中出现。《春秋》由一个个单独的记录组成，因此运用界域概念来对其进行研究就没有必要了。但《左传》并非如此。虽然它被认为是对《春秋》的注解，它的解释彼此之间大多没有联系，然而其简要的记载总体上特别集中于有明确主题的事件之上；同时我们也会发现有些段落中，追溯以前的历史并因此而打开了更为广阔的历史界域。我举一例：《宣公三年》记载，楚王曾助周天子一臂之力。最后在周的信使与楚王的对话中，楚王问及周的宫殿中鼎的大小和重量。此问题颇具震撼力，因为鼎是周天子统治的最重要象征。其隐含意思是，提问者有意图谋帝国的最高统治权。而信使的回答简要地回顾了从夏经商一直到周的朝代世系顺序，并断言还不到天命转移到新朝代的时候[14]。在此书另一个地方，也对早期的历史做了简要的回顾，并对周灭商赋予了特殊的意义[15]。

最后我们来看司马迁的《史记》。正如上文所言，这部历史本身是一部中国通史。虽然其各个部分具有完整的独立性，但是有一点仍然值得注意，即在某些部分中，在涉及后来数百年的事件时，总是会一再提到中国历史发展的整个过程。这种现象主要出现在司马迁为绝大部分章节所作的总结性评论中。例如在《高祖本纪》的

---

[14] 《左传·宣公三年》："定王使王孙满劳楚子。楚子问鼎之大小轻重焉。对曰：'在德不在鼎。昔夏之方有德也，远方图物，贡金九牧，铸鼎象物，百物而为之备……桀有昏德，鼎迁于商，载祀六百。商纣暴虐，鼎迁于周。德之休明，虽小，重也。其奸回昏乱，虽大，轻也……周德虽衰，天命未改，鼎之轻重，未可问也。'"

[15] 相关此过渡时期范围内的人物或事件请参见《左传·僖公十五年》：文王（间接）、武王之子与周宫廷中任职的商朝前大臣；《宣公十二年》：周灭商、商朝最后君主、武王。有关更早的朝代或者传说中的夏代的君主参见《隐公十一年》：文王与黄帝；《僖公二十七年》：禹；《僖公三十年》：夏皋、文王；《成公二年》："早期君王"概览，尤其是早期时代的"四王"，即三朝（夏商周）的建立者禹、唐、文王与武王；《成公十三年》：禹和夏商周；《献公二十九年》：（按照相反顺序）武王、唐、禹、舜（评论不同地区和时代的音乐与歌舞）。

末尾，作者提出了虽然简单而固执的、但是又全面的对于从夏代到汉代朝代世系分析，尤其补编了前三代的世系，认为每个朝代的堕落最终导致其灭亡[16]。《史记》中还有很多其它部分可以作为对比参考[17]。在这些部分中，中国历史的发展过程除了朝代的世系之外，还有其它的结构模式，然而其地位并不重要[18]。重要的是，司马迁总是一再提及中国历史的整体史观，并将其运用于所论述的主题上。

我们可以得出这样的结论：罗马史学著述的界域包括了罗马通史，同样，中国史学著述的历史界域也包括了中国通史。我们还可以得出这样的结论，即罗马的历史界域并没有在罗马通史之外，而中国的历史界域也并没有超出中国通史。但是在第二点上两者仍有所不同。正如我们所看到的那样，只有当罗马的灭亡不被当作是一种具体的可能性看待时，罗马历史界域才会限定于罗马历史上。虽然罗马的衰落原则上可以作为一种思想存在，然而这种思想不会被明确地表达出来，而是处于半意识或者潜意识中。相反，在中国的史学中，这种衰落设想事实上被排除在外。因为中华

---

[16] 《史记》卷八《高祖本纪》："太史公曰：夏之政忠。忠之敝，小人以野，故殷人承之以敬。敬之敝，小人以鬼，故周人承之以文。文之敝，小人以僿，故救僿莫若以忠。三王之道若循环，终而复始。周秦之间，可谓文敝矣。秦政不改，反酷刑法，岂不缪乎？故汉兴，承敝易变，使人不倦，得天统矣。朝以十月。车服黄屋左纛。葬长陵。"

[17] 在此仅举其最重要的部分，"八书"中的"四书"：卷二五"律书"，卷二六"历书"，卷二七"天官"和卷三〇"平准"。

[18] 可能最重要的是麒麟周期性出现的概念（约每500年出现一次），这可能在司马迁的自我认识中起到非常重要的作用（参见《史记》最后一章太公自序部分）。关于司马迁的这种顺序模式参见李惠仪：《〈史记〉中的权威思想》（Wai-Yee Li, "The Idea of Authority in the *Shih Chi*"），载《哈佛亚洲研究杂志》（*Havard Journal of Asiatic Studies*）54，1994，第345—405页，尤见400—405页；关于中国历史思想的总体评价，参见闵道安：《中国的时间观念》（A. Mittag, "Zeitkonzepte in China"），载缪勒和吕森主编：《历史感觉的形成，问题的形成，时间观念，认知视域，表述策略》（K. E. Müller, J. Rüsen [Hgg.], *Historische Sinnbildung. Problemstellungen, Zeitkonzepte, Wahrnehmungshorizonte, Darstellungsstrategien*），汉堡，第251—276页，1997年，尤其是第263—270页。

帝国在地域上被认为是"四方"或者"天下",换而言之,中国的范围即等于有秩序的世界。我们已经在《尚书》中感受到了这种思想[19],在《左传》中我们也发现了其存在[20],在《史记》中这种思想变得成熟[21]。中国历史最重要的方面是政治意象,如果政治意象即是世界,那么就难以想象会灭亡。如果说它被同时代的世界上的另一个政治强国所灭亡,就更不可设想了[22]。因此我们得出以下结论:罗马史学中总是一再回顾罗马城弱小的起源,通过对这种起源回忆,通过回忆同竞争势力之间的激烈冲突而最终建立霸权的过程,罗马人获得了自信心和使命感。在中国史学中,并没有对自己弱小开端的回忆。《尚书》一开始就描述了传说中的尧帝的成就[23]。这种成就中并没有记载尧帝如何把一个小国变成繁荣富强的国家,但是却重点描写了他如何用和谐和秩序的方式影响家庭,然后将这种影响力推及到部落和封国,最后影响到整个"天

---

[19] 《尚书》第一段是这样记载的(《虞书·尧典》):"曰若稽古,帝尧曰放勋,钦、明、文、思、安安,允恭克让,光被四表,格于上下"。第二段来自《虞书·益稷》,传说中的尧帝说:"予欲宣力四方,汝为。"他的助手(后来的禹帝)说:"俞哉!帝光天之下,至于海隅苍生,万邦黎献,共惟帝臣,惟帝时举。"

[20] 此处仍有必要做一说明。周朝的历史表现为从公元前8世纪之后愈加衰弱,后来中央政权崩溃瓦解。《左传》正好把这个时代作为记载对象。因此,周帝国或者说中央政权在所记述的事件范围内越来越丧失其重要性:封国以及它们的代表人物,作为独立的主体,占据较大的地盘,不受任何限制地干政。但是更有那重要意义的是,这种有序的统一帝国的思想,在这种背景之下仍然零星地出现。

[21] 对这个时期的中国思想的巨大意义,请参见莫里兹:《失序的疑惑和苦难——世界反思的两个着眼点》(R. Moritz, "Das Staunen oder das Leiden an Unordnung-zwei Ansatzpunkte von Weltreflexion"),载莫里兹主编:《近来研究所反映的汉学》(R. Moritz hg., *Sinologische Traditionen im Spiegel neuer Forschungen*),莱比锡,1993年,第103页以后。

[22] 不属于华夏族的敌人从开始就被当作蛮族看待,他们虽兴风作浪,但遭到蔑视。如有必要,他们是惩罚的对象而不是打击的对象。正如《尚书》第一篇所言(《虞书·舜典》):"帝曰:'皋陶,蛮夷猾夏,寇贼奸宄。汝作士,五刑有服……"

[23] 《尚书·尧典》。

下"。同样，司马迁在其著作的开始记载了黄帝的功绩[24]：他在现存的"政治结构"中证明了自己的价值，首先征得当时统治者的同意之后，恢复了因反叛而被毁灭的秩序，然后取得政权，成功执政。因此罗马帝国经过了产生、发展和鼎盛的过程，而中华帝国是"存在"的状态。换句话说，我们的分析可以得出这样结论：同罗马史学中的界域相同，中国史学中所包含的是全部中国历史，别无其他。然而，这并不是因为像罗马历史学家一样，中国的历史学家不愿意考虑其帝国时空界限之外的领域，而是因为由于逻辑的原因，他们不会这样做。

这种差别就会造成另外一种差别出现，它与界域的大小无关，而是与界域所包含的历史领域的结构有关。我们在上文中已经论述，罗马历史学家将罗马史看作不仅是一种而且是唯一的发展过程：罗马的进步过程是从台伯河边的小居民点发展成为"人类世界"的主人，此后便由于道德的衰落而处于危险的境地。相比而言，正如中国的文献所描写的那样，中国历史似乎没有开端，而且也不考虑其结束，把中国历史看成是三种周期，即治世与乱世相互交替的周期，反复发生的状况或事件的周期，以及皇朝从兴起到繁荣再到衰落和灭亡的周期，而这后一种周期是占首要地位的。

至此，我们可以对前文的观点加以总结。在希腊、罗马和古代中国的历史著述中，存在三种类型的界域：第一，古代希腊的历史著述中反映出一种人类历史的界域。在此界域中，单个的国家经历了产生、成长、繁荣和衰落阶段，而每一个历史叙述中的主体的最终衰落甚至灭亡都处于思考范围之内。第二，古代罗马的历史著述反映出一种"民族"历史的有限界域，它被视为是一个巨大的动态过程，一个从弱小的开始到世界的主宰的过程，对这种主

---

[24] 《史记》卷一《五帝本纪》。

宰地位的威胁尽管不一定能够被感知到，但是似乎可以被避免，并且罗马的衰落作为一种真实发生的可能性并不在被考虑范围内。第三，中国的历史著述反映出，中华帝国的历史界域是以天际作为边界，这种历史由诸多的治平与混乱周期或朝代更迭阶段组成，而帝国的灭亡问题，既没有被考虑过，甚至也无法想象。

二

我们现在讨论第二个问题：即前文提到的那些史学著作的创作目的或社会功能问题。这个问题同上述三种史学观中的特殊界域问题之间存在着直接联系，虽然前文就曾提到这个问题，但现在应当做具体说明。

就希腊历史著作而言，我们已经指出了这种联系。与这些著作宽广的界域和人类历史的定位相对应的是一种兴趣，这种兴趣就是针对具有普遍意义的、对所有人类和时代相关的历史生活规律的认知这一特殊兴趣，就是将对这些规律的认知在相应的读者圈中进行介绍的兴趣。修昔底德著名的论断十分清楚地表述了这一点，他希望创造"传世的财富"（1.22.4）。然而，在这句话前面的句子也值得引用："我这部历史著作很可能读起来并不引人入胜。但是如果那些想要清楚地了解过去所发生的事件和将来也会发生的类似的事件（因为人性总是相同或相似）的人，认为我的著作还有一点益处的话，那么，我就心满意足了。"我们可以明显地看出这部著作的界域的宽度，它可以将人类历史全部包括在内；同时我们还可以明显看出这部著作的预期作用，即介绍那些以人性为基础的政治生活的规律性认识。界域与作用两者间也许并不是必然互为条件的关系，但却天然有共生性。

希罗多德和波里比乌斯的著作有相似之处。当然，与修昔底德彻底将历史"人性化"的方法不同，在希罗多德看来，事件的发生除了有人的动机之外，还有神的动机。但是，有一点是显而易见的，即他认识到了在受神所影响的人类历史的兴起和衰落中，存在着某些规律性，并且对此给予明确的描述。另一点似乎也显而易见，他认为这些在较大空间范围和较长时间范围内展开的事件中才能看到的规律性，只有在不受狭窄的时空限制的读者圈中才具有重大意义[25]。波里比乌斯特别愿意谈论他的著作的创作目的问题。同修昔底德一样，他认为他的著作的最重要目的，在于介绍关于历史进程的因果关系的观点[26]。此外他还谈到第二个相关目的，即历史著作对于读者的性格和态度方面的影响[27]。在这两点上波里比乌斯都明显地想到要有一个在地理、政治方面以及时间方面不受任何限定的读者圈。波里比乌斯的著作同时是写给希腊人和罗马人看的。从许多段落中还可以看出，他的著作是为那些对通史历程感兴趣的人而写的，也是为那些从对关键阶段的记载中能获得明智的

---

[25] 我们可以肯定地得出这样的结论，希罗多德来自爱奥尼亚地区，长期在雅典居住，最后把图里伊当作新的家乡，因此他写作的目的是为了整个希腊语世界，而不属于任何城邦或联盟。因为正如文中所暗示的那样，他认为自己的作品显然能够可以同荷马的作品媲美，因此还有可能他希望自己的作品永远在后世流传，毋庸置疑，这也包括在埃及、波斯和两河流域的精通希腊语的读者。

[26] 从众多的段落中只援引这一段（2.56.11-12）："历史与悲剧的目的不同，而且恰恰相反。对于后者而言，必须通过感人的词语，给人以一时的震撼或感动，相反，对于前者而言，必须通过真实的事件和演说，永远地教育并规劝好学者，因此悲剧首先要达到感人的目的，即使所说并不真实——这是为了满足观众的幻想，但是历史是要把真实放在首位——因为要给好学者以教益。"

[27] 著作的第一句话跟两个目标有关（1.1.1-3）："如果我们之前的历史学家中都忽视了对历史的赞美，那么我也许有必要鼓励每个人对我这部著作进行深入的研究，对人类而言，最适合的教导便是知晓过去所发生的事情。但事实上毫不夸张地说在之前的所有历史学家（不是少数）把这一点作为他们工作的中心（而不是无关紧要的事），他们认为，作为担任公职之前的真正的学校和培训，没有比学习历史更好的真正的方法了，他们还声称，对别人灾难的回忆是令人印象深刻的和独特的老师，教导人们能够以勇气来抗拒命运的捉弄。因此没有人，至少不是我，认为今天有责任重复那些已经说得很好的和经常说的东西。"

洞察力和道德力量的人写的[28]。

这三部希腊著作中体现出了界域的广度，所意图达到的效果忽略了地理、政治和时间的界限。我们要对这些现象进行充分的认识，就必须参考几年前科塞里克所提出的观点。他认为：许多伟大的历史学家在成为历史学家之前，都遭受了"挫折的经历"，并且从挫折中产生了完成作品的重要动力[29]。在希腊历史学家方面，科塞里克列举了希罗多德、修昔底德和波里比乌斯；在罗马历史学家方面，他列举了撒路斯特和塔西佗。他的观点对于我们的研究非常重要。但是在这个问题上，我们发现了希腊和罗马历史学家的不同点，这一点科塞里克并没有论及。

希罗多德、修昔底德和波里比乌斯有共同之处，他们所"遭受"的"挫折"导致他们被流放，尽管由于社会地位、财力和个人品质，他们获得了人们的尊重，但是却长期远离祖国。这种特殊的社会境遇，即作为一个居住在其祖国之外的外乡人，是造成他们著作的宽广界域的重要原因，这也是他们把这些有关政治历史发展的

---

[28] 波里比乌斯除了把希腊人当作自己的读者之外，同时还把罗马人也作为自己的读者，如果考虑到他同罗马统治阶层之间的良好关系的话，这一点几乎可以肯定。他还把后来人作为自己著作的读者，正如在3.4.7的记载："很明显对于我们这一代人而言，是拒绝罗马的统治还是接受它，已经有了清楚的答案。对于后来人而言是赞美它还是谴责它，也有了明确的答案。"给人留下最深刻印象的是在38卷中（4.5-8），波里比乌斯特别直接地对自己的读者说："对于一位把政治史作为写作对象的作家而言，我们要求他只能选择真实。因为他的读者群越大，那么他通过著作所形成的传统就要比那些每日新闻存在的时间要长。因此作家应当非常看重真实性，而他的读者也赞赏这种原则。在这种危机时刻，我们的责任反而在增加，作为希腊人应当用一切方法来帮助希腊人……但是通过一部历史著作把事实流传给后世，就需要杜绝任何的谎言，因此听众读书不是为了暂时的听说的愉悦，而是为了他们不再犯同样的错误。"

[29] 参见科塞勒克：《经验的转变和方法的变化：一个历史学—人类学的简述》（R. Koselleck, "Erfahrungswandel und Methodenwechsel. Eine historisch-anthropologische Skizze"），载迈耶和吕森主编：《史学方法》（Ch. Meier, J. Rüsen [Hgg.], *Historische Methode*），慕尼黑，1988年，第51—55页以后。

一般性观点介绍给几乎不会受到地理、政治和时间因素限制的读者的原因。

但在罗马历史学家那里，情况有所不同。科塞里克认为塔西佗只是"陷于自己无法摆脱的境遇中的人"[30]，一个"丧失存在感的人"。但事实上，即使在他所厌恶的图密善皇帝的时代，他仍然能够继续他的事业，而他所"失去"的，与希罗多德、修昔底德和波里比乌斯相比，显然少了很多。但无论如何，从塔西佗著作中的前言、其他某些段落以及整个风格而言，根据上述罗马历史著述的传统，他的历史著作不仅集中于罗马和其历史上，而且叙述的对象是罗马听众[31]。撒路斯特也是一样。当他不能（或根据他自己的说法，也不愿）在政治上取得成功的时候，他事实上退出了政坛。尽管他在某个时刻放弃了自己直接的政治抱负，不再作为一个政治家在共和国中发挥作用，但是作为历史学家他仍然可以发挥作用，并努力争取承认和赞誉[32]。这就是说，撒路斯特和塔西佗都是罗马精英群体的成员，并且他们想要通过历史写作影响罗马人和罗马国家——很可能他们的界域中只有罗马人和罗马国家。这种界域在李维身上也体现了出来。尽管他出身于贵族家庭，年纪尚轻，并未

---

[30] 参见科塞勒克，1988年，第55页。

[31] 塔西佗在《阿古利可拉传》的前言中，虽然他首先提到"一个在大小城邦中都会有的缺点"，然而他特别提到罗马的先辈作家，并且把他们的作品和自己的自传作品同当时罗马的政治状况紧密地联系起来，从而也同罗马历史紧密联系起来。从这部短小作品中，我们知道塔西佗只把罗马人当成了读者。在《历史》和《编年史》中也是如此。此外在《编年史》（3.65.1和4.33.4）中，塔西佗明确地指出他的读者是和他同阶层的人，即罗马政治精英阶层。

[32] 在我看来，这两部专著的前言的主要目的在于证明，"记载所发生的事情"，"记录所发生的事情"，是由于"勇敢精神"的作用，也是"荣誉"提出的要求，这些行为同"为国尽责"和"业绩"本身是一样，都值得称道。此外，撒路斯特尤其关注于罗马和罗马状况，这并不能掩盖这一点，即撒路斯特在两篇前言中选择了希腊式的、即哲学—人类学的方法（《喀提林阴谋》：所有人类……；《朱古达战争》：他错误地抱怨人类自己的本性……）。

第二章　论古代希腊、罗马和中国史学中的认知视域与社会功用　61

入仕途，就创作了他的杰作[33]。但是如同这三位罗马历史学家的界域完全限定于罗马一样，我们在有些段落中隐约可察觉到的罗马衰落甚至灭亡的想法只跟罗马有关，然而，对于这些罗马史家来说，他们历史著作超出罗马的影响完全是无足轻重的。

下面我们将他们的创作目的做一个总结。罗马史学家也希望介绍他们的观点，但是这些观点中最关键的是道德和成就之间的联系，并且只有援引一个案例才有说服力，这就是罗马。撒路斯特、李维和塔西佗试图向读者阐明，罗马从台伯河边的小村庄变成一个世界超级大国，只有以祖先的道德品质——美德（boni mores），即 virtutes——为基础才有可能实现。他们以直接或间接的方式指出，虽然罗马建立了对外霸权，但是也存在着由于道德衰落而滋生的危险，而他们认为一定要关注这种衰落[34]。他们创作

---

[33]　这种结论仍值得商榷。最重要的一点是对前言 10b 的理解："从中为你和你的国家选择你应当效仿的东西，你应当避免的开端恶劣与结局不光彩的东西。"李维在这里针对的是罗马读者吗？他所说的"tuae rei publicae"是"为你的国家，即罗马国家"吗？要么他针对的是任何一个行省的读者？而"tuae rei publicae"是指"为你的国家，那个永远存在的国家"？没有一个最可靠的答案。如果有人问的话，我认为第二种选择的困难明显是在可以具体设想的国家的属性上。这句话不可能是李维对罗马统治范围以外的读者所说。如果事实上把读者的国家（res publica）当作一个与罗马不同的国家来理解的话，最大的可能是指第二个"祖国"（patria），根据西塞罗观点（《法律篇》2.5），即每位没有出生于罗马的罗马公民所拥有的祖国，即读者各自的母国。因此，就此问题而言，李维著作中的界域仍然限定在罗马和罗马历史上。

[34]　关于撒鲁斯图的观点参见前言和插叙部分（《喀提林阴谋》，6-13;36.4-39.5;《朱古达战争》，41-42），关于李维的观点参见其前言。塔西佗与这两者相比，其创作意图较为复杂。他知道，对共和时代的状况进行简单的、不加更改的恢复，无论如何既不可能也不值得向往。的确，在一段文字中（《编年史》3.55.5）他明确地承认在某些地方今朝胜过昨日（参见多普：《"我们的前人并非一切都更好"——元首政治早期作家论他们的时代》[S. Döpp, "Nec omnia apud priores meliora. Autoren des frühen Prinzipats über die eigene Zeit"]，载《莱茵博物馆杂志》[*Rheinisches Museum*]132，1989 年，第 73—101 页）。然而，我们知道在《编年史》中塔西佗直接引用了提比略的演讲词，并给予正面的评价（3.53-54），他强调维帕乡身上的古朴风俗具有榜样意义（3.55.4），并且在结束时塔西佗做了这样的评价"我们今天和我们古代的这种有益的竞赛将永远持续下去"。从这些史料中，我们认为塔西佗仍然将祖先的道德习惯看作是好的东西，并且认为它们是评价当时潜在的混乱行为方式的准则。

目的并不仅仅是介绍观点,对此这些历史学家有明确的表述。他们认为更重要的是自己的作品具有道德影响力。在《朱古达战争》的序言中,撒路斯特虽然不是直接地、但却是明确地指出了这样一个事实,即创作历史有益于国家,因为通过纪念祖先的业绩,可以激励后人仿效先人,为国效力(4.4–6)。李维在其罗马史序言的结尾做了同样的评论,强调历史的教益作用。历史可以为读者提供好的或者坏的榜样,这样读者可以为了自己的利益或国家的利益,有所仿效或摒弃(10)。甚至具有悲观主义思想的塔西佗也公开宣称他著作的道德影响力。在《编年史》第三卷中,他认为"历史著作最重要的任务"在于"使勇敢的行为(virtutes)不被遗忘,并使邪恶的言行对后世的责难有所畏惧"(3.65.1)。正如在上文所所详细论证的那样,撒路斯特在《朱古达战争》序言中所倡导的道德的作用,同李维在其罗马史前言的结尾以及塔西佗在《编年史》著名的章节3.65所倡导的是一致的。总之,我们有了这样一个印象,罗马历史学家在这样一个界域中确立了他们著作的作用,这个界域应当是在其记叙中所确定的、以单一的罗马国家(res publica Romana)的历史发展过程为界限。他们著作的作用是巩固国家的道德结构,以此对国家持续的繁荣富强有所贡献,或至少应当延缓其衰落。

中国的案例中也存在着在界域与作用之间的对应关系——为了理解作品意图问题上特殊的细微差别,我们除了要研究其作品的界域问题,还要关注历史学家的社会地位问题。正如我们所看到的,中国著作中的界域同罗马著作中的界域一样,所包括的历史领域为一元中心结构。鉴于历史中理论上存在多元的中心,罗马史学虽然没有明确地讨论关于罗马衰落甚至是灭亡的可能性问题,但是在半意识中或者在潜意识中存在着这个问题,而在中国的知识语境中帝国灭亡的思想事实上并不存在。中国人的观点反映的是治世和乱世的更迭、朝代更替的历史周期理论。每次首先有一位雄才大略的统治者建立一个朝代，在某个特定的时代之后出现衰变，最后在一位弱小无能的统治者手中灭亡，随之解体，而后一个新的朝代出现。

我们要阐述的历史著作的写作意图，与这种界域有所联系。首先我们发现中国历史著作同样在其创作意图上、在空间和时间上都没有超越中国的界域。它产生于政治中心，其规模或大或小，也是为了这些当政者所用，其范围或宽或窄。历史学家并没有考虑中国国家政权时空范围之外的读者。下面我们分析创作意图中的功能定位问题。在《尚书》所保留数百年以来的演讲词、对话和文告中，我们已经发现这样一种思想频频出现：即当政者应当把历史上的统治者和"大臣"的行为看作是一面"镜子"，根据其语境，"镜子"即是应当遵循或应当避免的范例[35]。因此我们得到这样一个论断，历史记忆——这是是针对《尚书》本身提供的记忆而言——的作用是提供一种基本道德指导，随之产生一种标准，一种在历史的进程中反复实现或者反复丧失的标准；还会产生一种推动力，鼓舞执政者通过自身的行为，让自己的时代成为一个有序而和谐的时代，而非混乱和争斗的时代。

与此相似，在儒家传统中，"五经"之《春秋》被视为孔子的一种努力，他试图通过记叙道德准则及其实例，改善当时令人悲哀的道德和政治状况[36]。当今的汉学并不认可这种解释，而是将这部著作看作是一部单纯的编年史，其目的在于准确地记载重要的事

---

[35] 参见《尚书·召诰》，此外参见《康诰》《酒诰》《多士》《君奭》等。
[36] 这种传统最早见于《孟子》。《孟子·滕文公下》："世衰道微，邪说暴行有作，臣弑其君者有之，子弑其父者有之。孔子惧，作《春秋》。《春秋》，天子之事也，是故孔子曰：'知我者，其惟《春秋》乎！罪我者，其惟《春秋》乎！'圣王不作。……"稍后孟子言："孔子成《春秋》，而乱臣贼子惧。"

件[37]。然而我们认为这样一种状况更为重要，这就是《左传》的作者和司马迁继承了《春秋》微言大义的风格，因此他们的著作被认为是《春秋》这部编年史的后继者[38]。

如同罗马的历史学家特别关注罗马的道德衰落一样，中国的历史学家也关注道德秩序的维持和复兴问题，因为这种秩序有腐败的危险。两者的不同之处在于，中国的历史学家将其解释为周期性出现并可以周期性得到调整的衰落，而罗马历史学家认为罗马的衰落会导致潜在的灭亡。

现在我们可以这样认为，罗马作家在道德方面的呼声要比中国的作家更具紧迫感。事实上，这种区别在原文的字句中并没有固定表达。尽管史书的创作意图有细微的差别，但这种差别产生的原因，与其说是由于史书中界域的不同而造成的，不如说是由于历史学家在罗马和中国所处的社会地位的不同而造成的。

这些罗马历史学家从一开始就属于政治精英集团，他们的历史著作是以罗马国家为中心而创作的，试图在国家内部产生影响，并为国家利益服务。因此对他们来说，最重要的是影响读者的行为和态度，不仅影响其接受能力和判断力，而且要影响他们的行动。根据森普罗尼乌斯·阿塞里奥（Sempronius Asellio）的论断，真正的历史学可以让人变得积极向上，投身保卫国家事业；真正的历史学不太会伤害共和国。作为撒路斯特的前辈，他用简洁的表述说明了其创作意图[39]。

---

[37]　依据肯尼迪：《春秋释义》G. A. Kennedy, "The Interpretation of *Ch'un Ch'iu*"），载《美国东方学会杂志》（*Journal of the American Oriental Society*）62，1942，第40—48页。

[38]　理由和证明参见第一章。

[39]　参见残篇 2 HRR（《罗马历史残篇》[*Historicorum Romanorum Reliquiae*]，H. Peter 编，莱比锡，1914年，斯图加特，1967年重印）。

相比而言，中国历史学家的创作意图一方面被估计得比较高，而另一方面却似乎不那么具有远见。之所以被估计得比较高，是因为这种创作意图不仅要对如此强大的国家发挥政治上的影响，而且要介绍一种比政治构造和体系更为重要的道德秩序[40]。之所以被估计得不足，是因为通过上述介绍我们得知，历史学家的工作就是准确记载并评价所发生的事件，这就是他们工作的首要任务和本质特征，至于读者自己具体该如何行为，则完全留给读者评判了。

如果中国历史著作中道德目的论不仅仅是作者的空想的话，其细微不同之处是与历史著作所占据的社会地位有关，是与其在

---

[40] 在《尚书》中，这种秩序特别指"天命"理论。这种理论可能是由周代的代表人物所形成的，目的在于为他们反对商朝统治者的行为找出合理的原因，并为他们的统治赢得合法性。因此这种理论是出于一种具体的政治利益而产生的。但有一点并没有改变，这种理论的核心要素是一种普世的道德秩序的设想，这种秩序的成功或者失败是上天给予或者撤销其委托权的重要标准。（正如史华慈所说："上天对君王的态度取决于一种客观的、"普救论"的对行为的评判标准。"见史华慈：《古代中国的思想世界》[B. Schwartz, *The World of Thought in Ancient China*]，麻省剑桥，1985年，第46页）。如果同儒家的阐释相一致，认为《春秋》不仅仅是一部编年史的话，那么它通过记载所介绍的最重要的道德自然是儒家的道德，正如《公羊传》和《谷梁传》所阐明的一样。《左传》也确立了这种思想特征。虽然，这些著作与基督教《教义问答》形式的平行注释本主要的区别在于，它们是独立的历史阐释作品；然而，在许多专门用来做解释的段落中，有短小的评语，体现出明显的儒家的特征。司马迁《史记》的内容当然比较复杂。体现在多个方面。一方面，在他著作结尾的自传章节中，他首先承认他的父亲在史学方面是儒家的继承者，并表明自己有责任完成父亲未尽的事业，另一方面，在作品稍后的部分，他拒绝把《史记》同《春秋》做平行对比阐释（《史记》卷一三〇《太史公自序》）。这是一个中国式谦逊的案例，带有自命不凡色彩。此外，司马迁在此章末尾的一大段中，有很多价值评判的评语，带有明显的儒家特征，但仍然有一些例子证明，司马迁同正统的对某些行为方式和人物的评价标准保持距离——正如最近李惠仪所关注的（李惠仪：《〈史记〉中的权威思想》，第44—53页）。但是这并不意味着，司马迁没有给出一种独立于具体的政治结构和状况之外的道德标准，用于评价他所描述的行为以及所描绘的人物。因此我认为，对于司马迁而言，存在这样一种最重要的标准，这就是一个人的追求自我施加的目标或者独立的生活计划的最终结果（包括在失败时以较高的姿态上演自尽一幕）。这当然不是儒家标准，但是正如我所认为，这是一种超越了政治结构与状况的标准。——相比较而言，我认为罗马历史学家所建立的评价标准体系，比较集中地针对具体的政治现实；针对罗马国家或者与他们关注点：国家所提倡的那些道德即是良好的道德。道德层面与政治层面叠加在一起。脱离罗马国家的道德是不存在的。

发展过程中所形成社会角色有关。根据流行的观点，中国史学的产生与君主组织的国家官僚体系内部一种特定的官职有关，这就是史官。史官在历史发展中承担与登记和记录有关的不同类型的任务，史官的一贯特征是准确而忠实地记载已经发生的事情。从《左传》开始，与史官在史学方面的鲜明特征相符的是这样一种理想，即确切地证实并评价历史事件和人物，即使有生命危险也不能阻止他实现这个目标。同罗马的史学一样，中国的史学也影响了那些当政者的行为，但中国历史学家——他们还想要达到一种极致——只当官员而非政客，因此他们的首要任务在于，准确记载并适当地评价历史事件，以此来维持道德秩序。如果他们这样做了，就是尽职尽责[41]。

我们当然会把对界域和作用的考察同进一步的研究有机地结合在一起。我们可以分析历史学家尝试用什么手段确定他们所描述的事件的真实性；或者我们可以分析他们尝试用什么标准来评价他们放在记叙的中心位置的历史人物。我们试图研究这些领域，希望

---

[41] 参照法官的概念，弗兰克指出这种关系的特点，内容如下：史官成为"对统治者和其政府进行风俗道德监督的法官"；"编年史家的记载"是"永恒判决"；把编年史家当作法官的设想，其概念经过了一个长期的发展过程，才在中国史学史中确立起来。弗兰克把司马迁的历史写作的意义看作是："他［即司马迁］明确地指出，他坚信自己的职业就是继承《春秋》为法官的精神，并以儒家经典的规范为准绳"(但我们发现，这并不是那么容易)。参见弗兰克:《中国史学的意义》(O. Franke, "Der Sinn der chinesischen Geschichtsschreibung")，载弗兰克:《汉学论集》(Sinologische Arbeiten)，第 3 卷，1945 年，第 470—487 页。最后请参考稍后不久由 E. Haenischs 所作的学术演讲，这篇演讲在谈到关于中国史官的"委任意义"和"其担负的职责"时，认为"这不是向国家负责，而是向高等法律机关负责。"见赫尼希:《中国历史书写的精神特质》(E. Haenisch, "Das Ethos der chinesischen Geschichtsschreibung")，载《世纪》(Saeculum) 1(1950 年)，第 111—123 页，引文见第 111 页。——在对中国史学家发挥的法官作用的定义方面，可以同罗马史学家发挥的监察官作用做一个对比，但我们也认识到，监察官的记载并非永恒判决，而是为了改正人们行为，监察官总是通过演讲直接影响公共道德，并且监察官同其他罗马高级官吏一样按期担任政治官职，任职者的地位取决于其职务的政治上的——当然在这方面也等同于道德上的——影响力。

它们对在此所设想的观点发挥很大启发作用。我们所承担的推动跨文化比较研究的尝试工作,总是面临陷落和崩塌的危险,目前我们已经花费了相当多的关注和精力,希望至少没有辜负此前的承诺。

(叶　民　译)

第三章　古代希腊、罗马和中国史学中的政治组织与人的行为

被称作"（西方）史学之父"的希罗多德对不同文化持惊人的开放态度。他在著作中开宗明义地指出，它涉及的不仅是希腊史也是希腊—近东的历史。在许多题外之笔中，希罗多德不只讲述了雅典、斯巴达等希腊城邦的早期历史，还提到了斯基泰人和印度人的风俗、埃及人和巴比伦人的文化生产以及波斯国王们的军事功绩。

另一方面，在占全书大半的希波战争的叙述中，希罗多德对希腊一方的同情也不容忽视，它与希腊和波斯双方的人物形象直接相关：一方是自由，而另一方是服从与强制。最初它在对历史的一次回溯中展开，而这些回溯牵引着整部作品。在回顾雅典的内部发展时，希罗多德这样总结这个城邦从庇西斯特拉图家族的僭主政治中解放出来的历程：

> 雅典的实力就这样强大起来了。权利的平等，不是在一方面，而是在方方面面上证明它是一件绝好的事情。因为当雅典人被僭主统治的时候，他们在战争中并不比他们的任何邻人高明，可是一旦他们摆脱了僭主的桎梏，他们就远远地超越了他们的邻人。这表明，当他们受压迫的时候，就好像是为主人做工的人，他们宁肯做个怯懦鬼。但是当他们被解放的时候，每一个人就都尽心竭力地为自己做事情了。[1]

---

[1] 希罗多德：《历史》，5.78 译文参考商务印书馆中译本第379页，略有修改。

以这种方式强大起来的雅典人在希波战争中同样显示出自己道德和军事上的实力。当大流士在公元前490年派遣军队远征希腊"以图征服、奴役埃列特里亚（Eretreia）和雅典"[2]时，雅典人在埃列特里亚因叛变而陷落后奋起反抗，并在马拉松战胜了波斯大王的军队。对希罗多德来说，希腊人在第一次希波战争中的胜利是热爱自由的雅典人对只会服从的波斯帝国军队的胜利。

希罗多德也赋予了第二次希波战争自由对抗奴役的象征。在希腊方面这次的焦点是斯巴达。在第七卷的两处都可以找到这一清晰的主旨。第一处是大流士的继任者薛西斯不相信只有几百到一千人的斯巴达军队敢于对抗自己的大军，特别是因为他们不在一个君主的控制之下，在局势危险的时候不能被强令走上战场。[3]这时已归于他帐下的前斯巴达国王戴玛拉托斯（Demaratos）向他解释说，对于自由的公民来说，有比对君主的恐惧更大的制约：

> 他们虽然是自由的，但是他们并不是在任何事情上都是自由的。他们受着法律的统治，他们对法律的畏惧甚于你的臣民对你的畏惧。凡是法律命令他们做的，他们就做。而法律的命令却永远是一样的，那就是不管当前有多么多敌人，他们都绝对不能逃跑，而是要留在自己的队伍里，战胜或是战死。[4]

几周以后的温泉关之战证明了戴玛拉托斯的话乃是真理。

第二处是两位斯巴达信使和一位波斯将领的对话，将领以自

---

[2] 希罗多德：《历史》6.94.2。译文参考中译本第441页，略有修改。

[3] 同上书，7.103.4："倘若他们按照我们的习惯由一个人来统治的话，那他们就由于害怕这个人而会表现出超乎本性的勇敢，并且在鞭笞的威逼之下可以在战场之上以寡敌众；可是当他们都被放任而得到自由的时候，这些事情他们便都做不到了。"译文参考中译本第504页。

[4] 同上书，7.104.4-5译文参考中译本第505页。

己舒适的处境劝说斯巴达人承认波斯大王的统治并以他之名控制希腊。而斯巴达人的答复是：

> 叙达尔涅斯，你对我们的劝告是欠公平的，因为你的劝告在一方面来说虽然证明你是有经验的，可是在另一方面，却又说明你没有经验。对于做奴隶，你知道得十分清楚，但你却从来没有体验过自由，不知道它的味道是不是好的。如果你尝过自由的滋味的话，那你就会劝我们不单单是用枪，而且是用斧头来为自由而战了[5]

显然，希罗多德尤其把波斯战争看作是自由与专制的斗争，一方是高效组织的但同时是压迫性的君主制；另一方是城邦公民的自由，他们只遵从自己和自己制定的法律。哪一种政治组织形式更为优越在希罗多德看来不成问题，他更注重将不同的生活秩序和与之相关的不同的行为方式看作战争成败的决定性原因。

下面我将顺着希罗多德笔下跨文化的线索继续讨论这样的问题：是否"自由与专制"的对立以及对生活秩序与政治、军事实力间联系的设想同样存在于古罗马和中国古代的史学中？如果是，它们扮演了何种角色？

提到罗马，众所周知，有两个"国家"历史的转折点尤为引人关注：从王制向共和国的过渡，以及从共和国向帝国的过渡。撒路斯特深入探讨了前者，而后者是塔西佗的中心论题。

撒路斯特（前86—前34）尽管追随恺撒多年，却在他写于恺撒死后的著作中表现为共和国自由的重要代言人。在论及喀提林阴谋的著作开篇，撒路斯特简要概括了罗马史。其中，他这样描述废

---

[5] 希罗多德：《历史》，7.135.3，译文见中译本第515—516页。

除王制、建立共和国的影响：

> 令人难以置信的是，罗马这个国家一旦争得了自由，便在很短的时间内变得繁荣强大，所有人对荣耀的渴望竟是如此强烈。……每个人都力求第一个把敌人打倒，第一个登上城墙，并且力求在众目睽睽之下完成这样的事迹。……他们渴望人们的赞美，但对金钱却挥霍无度。他们的目的在于取得无限的声名，而财富则只限于他们用诚实的手段所能取得的那些。我能列举出一些战场，在这些地方罗马人只用很有限的兵力便击退了他们敌人的大军，我还说得出罗马人攻占过哪些有天然屏障的城市，只是这样一来我就会把话题扯得太远了。[6]

撒路斯特热爱自由的信念令人印象深刻。共和国的政治制度释放了个人在王制中被束缚的能量。由此产生了争取社会认同和荣誉的激烈竞争，这种环境注定提高了国家的军事实力，没有对手能与之匹敌。再加上对内团结自制、对外诚信正直的品行，这种自发而未泛滥的对荣誉的追求，以及它所激发的美德（virtus）使罗马的统治不断地扩张，直到最终"所有的陆地和海洋都向它开放"，撒路斯特如是说。[7]

一个半世纪之后，从共和国到帝国的变化以及它对政治参与者思想和行为的影响成为了塔西佗（约55—120）的主要论题之一。

---

[6] 撒路斯特：《喀提林阴谋和朱古达战争》，7.3–7.7。译文见商务印书馆中译本第113—114页，略有改动。

[7] 同上书，10.1，中译本第116页，译文略有改动。在接下来的行文中撒路斯特简要勾勒道，在最终建立政权后，接踵而至的是道德的败坏，人们无视美德，取而代之的是不受约束的出风头的欲望、失控的贪婪、骄傲和残忍（10-13[中译本第116—119页]）。撒路斯特尚未看到在国内政治中失去自由的危险。然而无可置疑的是，在撒路斯特眼中，道德的败坏招致了政治衰落和帝国权力丧失的危险。

塔西佗亲身经历了图密善（Domitianus）的腐败统治，这对他的世界观有很大影响。图密善是弗拉维王朝（Flavius）的最后一位罗马皇帝。对很多在他统治下幸存的人们来说，其统治意味着道德自我的沦丧。[8]

塔西佗认为这样一种发展的可能条件在于君主制瓦解了共和制。由此，他在最后一部著作《编年史》中悲观地描述了这一进程，它以奥古斯都的狡猾夺权和元老院领导层有失身份的反应为开端：

> 一旦他用慷慨的赏赐笼络军队，用廉价的粮食讨好民众，用和平安乐的生活获取世人对他的好感，他就逐步地提高了自己的地位，把元老院、高级长官乃至立法的职权都集于一身。反对他的力量已荡然无存：那些勇敢的人或在战场上或在流放中（罗马公敌宣告名单的法律制裁）被消灭了；剩下的贵族则觉得心甘情愿的奴颜婢膝才是升官发财的最便捷途径。[9]

即使是奥古斯都之死也没带来任何改变。更确切地说，"罗马

---

[8] 塔西佗在他的处女作的第一章，也就是他岳父阿古利克拉（Agricola）的传记里描述了这一情境。他不是泛泛而谈那个"敌视任何一种美德的时代"（塔西佗：《阿古利克拉传》，1.4，马雍、傅正元译，北京：商务印书馆，1959 年，第 1 页），而是毫无保留地叙述了自身陷入困境的纠结。他无不讽刺地写道，"我们已经充分证明了我们的忍让屈从：如果说我们的先人亲眼见过极度的自由，那么我们真是处在极度的奴役之下"（2.3，中译本第 2 页），并且，在图密善统治的这十五年之中，"不少人因不幸的遭遇而折杀了，还有那些最正派的人死于皇帝的暴怒之下；少数人以及他自己却在道德沦丧中无声无息地侥幸延年了"（3.2，第 2—3 页，略有改动）。

[9] 塔西佗：《编年史》，1.2.1（译文见王以铸、崔妙因译，商务印书馆，1981 年，第 2 页，略有改动）。

第三章　古代希腊、罗马和中国史学中的政治组织与人的行为　73

的一切，执政官、元老院和骑士都跌入了奴隶制的深渊"。[10] 在奥古斯都皇帝死后的第一次元老院会议上，提比略与元老们竞相奉承对方，直到提比略屈从于元老院恳求——他假托自己情非得已，"尽管并未公开承认自己已取得政权，但却不再拒绝元老院的盛情邀请了"[11]。第一次元老院会议的情形对提比略的整个统治来说都很典型。皇帝不时承诺给元老院的是"自由的假象"（simulacra libertatis）。[12] 实际上他在谨慎、多疑地观察着谁说了些什么，以及从中能推断出什么针对自己的看法。在元老院一方则是持续的伪善和卑躬屈膝，以及在危急时刻集体的卑鄙。内政的局势影响着对外政治。皇帝处心积虑地算计着如何使他的部下不功高盖主，他召回了英勇善战的将领，例如侄子格马尼库斯（Germanicus）。他对拓展帝国的疆域并不感兴趣。塔西佗看到了这种状况对历史书写产生的影响和后果，并抱怨道：

> 我所写的事情都是狭窄范围内的不光彩的事情：当前是一个长期和平的时代，有些骚动也都无关大局；罗马的气氛凄凄惨惨，皇帝也无心扩大自己帝国的疆土。[13]

这位历史学家必然会使读者失望：

> 人民的生活、战事的起伏、光荣牺牲的疆场统帅，这些都能抓住和激发读者的兴趣。但是我所能提供给读者的却是一连串残酷的判决、接连不断的控告、被出卖的友谊、无辜

---

[10]　塔西佗：《编年史》，1.7.1。
[11]　同上书，1.13.5。
[12]　同上书，1.77.3。
[13]　同上书，4.32.2。

者被残害以及导致同样后果的不同案件,尽管这些题材单调乏味得惹人生厌。[14]

我们简要地总结一下。在古罗马史学中,公民自由与专制独裁的对立同样占据了中心位置。然而它不是位于罗马与非罗马的生活秩序的对抗中,而是为了阐明一段罗马自身的历史。相互对立的是自由的共和国与撒路斯特所记叙的王制末期以及塔西佗所经历的帝制早期。两位历史学家及希罗多德都认为,政治组织的形式、共同体成员的思考和行为方式以及它的对外执行动能力间有着直接的联系:共和国的建立释放了巨大的促进竞争的能量与动力,它们尤其转化为军事上的战斗力,使得罗马崛起为世界性帝国成为可能;然而共和国被帝国所取代导致了这样一个局面:政治活动家们陷入对彼此焦虑的猜忌和持续的伪善中,个人活动最大程度地关注个人的死活与安危,而国家的利益却退到了后面。皇帝这位最重要的政治决策者,对罗马帝国的职责毫无概念。

那么,这些事情在中国史学家那里是如何呈现的呢?我的论述将集中在司马迁和他的被称作中国史学传统源头的《史记》上,以下是我的三个观察:

第一,在司马迁的《史记》中并不存在自由与专制的对立。共和制政体完全在他的视野之外。统治的形式要么是诸侯国或王国的割据,要么是君主制的大一统,而没有其他的选择。

第二,由此可以得出,国家的兴旺并不依赖于它的组织形式以及与此相关的行为方式,而是取决于它的统治者、谋臣和辅政者们是如何履行他们的职责的。因此,对历史人物的评判是此著作的关切所在。

---

[14] 塔西佗:《编年史》,4.33.3。

第三章　古代希腊、罗马和中国史学中的政治组织与人的行为　75

第三，可以肯定的是，在这一评判中，建立、维护内部秩序以及改善民众的生活水平起着决定性作用，而对外的军事打击力则是次要的事情。

这一观察的基础一方面来自于司马迁在《史记》开篇处最着力刻画的三位统治者，另一方面来自他对汉文帝的记述。文帝是汉朝开国者之子和间接继任者，他在历史中的角色可与奥古斯都的继子和继任者提比略相比较。

传说中的统治者尧、舜和夏朝的建立者禹对司马迁和对他所遵循的传统来说都是理想人物，也就是后世统治者应成为的榜样。关于尧，司马迁记述了他致力于秩序与和谐、创建农务历法的功绩：

> 能明驯德，以亲九族。九族既睦，便章百姓。百姓昭明，合和万国。乃命羲和，敬顺昊天，数法日月星辰，敬授民时。[15]

同时，司马迁还赞赏了尧在选任继承人上的认真负责。他没有考虑自己的儿子，因为他品性不端，而是传位给舜，一个出身贫寒、却在尧的选拔中表现出色的人。舜一即位，便致力于遴选他的大臣。他的细致周到带来了如下果实：

> 此二十二人咸成厥功：皋陶为大理，平。……伯夷主礼，上下咸让；垂主……[16]

---

[15]　司马迁:《史记·五帝本纪》。
[16]　同上。

舜同样认为他的儿子无法胜任继承人,"乃豫荐禹于天"。禹是中国古代传说中华夏民族的奠基人。他常年治理洪水、修建运河、铺设街道,用现代的话说就是发展基础建设,为国家的昌盛和百姓的福祉出力。[17]

司马迁对尧、舜、禹的记述很大程度上借鉴了作为儒家五经之一的《尚书》,其中的历史事实不足为信,然而这并不成问题。重要的是,这三位统治者被视作典范(exempla),并且他们的典范性在于有责任心地为了百姓的福祉、国家的兴旺而统治,而不在于军事力量的对外扩张。

《史记》里古代先贤树立的榜样具有普适性。显然,在对文帝这样的历史人物的描述中,我们也能看到相似的特征。[18] 毫无疑问,司马迁对文帝有着很高的评价。文帝的伟大首先在于即位时的表现。与塔西佗《编年史》中的提比略不同的是,文帝对帝位的多次拒绝在司马迁看来并不是伪善,而是对"礼"的尊重。[19] 在随后的时间里,文帝对国家的治理虽然和大臣们商议,却也自己承担责任,他所作的决策都是为了正义和推动人民的福祉。[20] 这样的定位也决定了文帝的对外政策,在处理与北方蛮族、也就是匈奴的关系

---

[17] 司马迁:《史记·夏本纪》。司马迁这样描述禹在舜的时代的贡献:"天下于是太平治。"

[18] 司马迁笔下的文帝与塔西佗笔下的提比略之比较可参见我的两篇拙作:《塔西佗和司马迁:一个初步的比较》("Tacitus und Sima Qian. Eine Annäherung"),载于《语文学家》(*Philologus*)150,2006年,第115—135页;本书第六章:《塔西佗和司马迁:个人经历与历史视角》(原文为"Tacitus und Sima Qian. Persönliche Erfahrung und historiographische Perspektive"),载《语文学家》(*Philologus*)151,2007年,第127—152页。

[19] 司马迁:《史记·孝文帝本纪》。

[20] 这种共商国是的场景在司马迁笔下还有一个相似的参照,司马迁:《史记·孝文帝本纪》:"十二月,上曰:'法者,治之正也,所以禁暴而率善人也。今犯法已论,而使毋罪之父母妻子同产坐之,及为收帑……其议之。'有司皆曰:'民……'上曰:'朕闻……'有司皆曰:'陛下加大惠,德甚盛,非臣等所及也。请奉诏书,除收帑诸相坐律令。'"

时，他不断致力于建立和维护双方的和平共处。以下是文帝写给匈奴的首领单于的信，它尤其反应了这则政策：

> 汉与匈奴邻国之敌……今天下大安，万民熙熙，朕与单于为之父母。朕追念前事，薄物细故，谋臣计失，皆不足以离兄弟之欢。朕闻天不颇覆，地不偏载。朕与单于皆捐往细故，俱蹈大道，堕坏前恶，以图长久，使两国之民若一家子……[21]

我们可作如下总结：中国古代史学与古希腊、罗马史学的区别之一在于，中国古代史学中没有这样一种政治共同体的观念，即存在自由决定其命运、并且从这种自由中获取力量的政治共同体的观念，而是仅仅关注专制君主制模式，把它视作常规的政治组织模式。然而，这并未使中国史家成为"波斯式暴政"的同流合污者，他们更多地展现了一种家长式的、充满责任心并以世人福祉为己任的个人统治，其中谏言者和辅佐者成为了大臣，他们忠心地陪伴在君主左右，为了国家的繁荣和百姓的安居乐业齐心协力。中国古代史学与古希腊、罗马史学的另一个区别在于，在司马迁看来，中国的国家利益在于确保自身边境的安全，而不是一味地寻求扩张，因此在对外政策上较少地考虑占领和征服，更多地考虑和平的共处。

我们或许可以想象，如果希罗多德当年知道另一种"东方式的统治"，他一定不会吝惜他的理解与同情。

（李文丹　译）

---

[21] 司马迁：《史记·匈奴列传》。

第四章 罗马"帝国史学"的问题

引 言

"帝国"这个词用于古代罗马时会有些歧义,因为我们可以说罗马曾经两次成为"帝国"。第一次是在罗马的统治延及"几乎所有人类居住区域"的时候。[1] 在迦太基灭亡(公元前 146 年)之后,罗马将控制地区扩展至所能达到的所有"土地和海洋"。[2] 而第二次则是奥古斯都结束了困扰罗马共和国的内战、建立了君主制统治(公元前 27 年)的时候。第一次罗马因建立而成为帝国,第二次罗马因建立帝制而成为帝国。历史学家认为两者的发展是相互关联的,因为一个世界性的帝国不能永久地用城邦的政治制度来统治。无论如何,从公元前 1 世纪的最后 10 年开始,无论从它统治的疆域还是其政府的形式,罗马就是帝国了。[3]

---

[1] 参见波里比乌斯,1.1.5。

[2] 参见撒路斯特:《喀提林阴谋》(De Catilinae coniuratione),10.1。

[3] 学界认为,"帝国时期"通常指帝制时期(Kaiserzeit),即从奥古斯都时期到西罗马帝国的终结。与之相对的概念是"共和时期",因此这个术语强调的似乎是国家的制度。然而"帝国"(Reich)的含义是暗含在内的,而这意味着帝国(Reich)意义上的帝国时期也是从奥古斯都开始的。支撑这样一个观点的证据是拉丁文献中 imperium 一词的用法。如理查德森认为,只是在奥古斯都时期,亦即在《神圣的奥古斯都功业录》第 13 节中,"imperium"一词才第一次在领土意义上予以使用,即用于指代罗马统治区域。见理查德森:《共和国和帝国之间的罗马帝国》(John Richardson, "Imperium Romanum between Republic and Empire"),载德·布罗瓦等主编:《对罗马帝国权力的表述与认知》(Lukas de Blois et al. eds., The Representation and Perception of Roman Imperial Power),阿姆斯特丹,2003 年,第 137—147 页。另一方面,一般的观点认为这个术语被西塞罗、恺撒和撒路斯特使用过。很少有人否认公元前 2 世纪罗马已经成为统治着大片的疆域和众多人口的帝国。

本文所要讨论的是这个"双料罗马帝国"的历史意识问题。所涉及的文本资料的时间跨度将覆盖从奥古斯都时期（前27—14）到所谓的五贤帝统治（96—180）的前十年。具体来说，我们在此要讨论几位作家：首先是塔西佗，然后是奥古斯都时期两个最重要的诗人维吉尔（前70—前19）和贺拉斯（前65—前8），还有罗马简史的作者韦勒尤斯·帕特库洛斯（Velleius Paterculus，约前20—30）。我希望，我之所以挑选这些作家、却不注重年代顺序的原因，在下面的讨论中将获得清楚的解释。

本文的目的不是为了一步步追寻这一时期罗马历史意识的发展。由于当时浩如烟海的文献仅有少量传承下来，这样的追寻将是一项不可能完成的使命。本文的目的是想表明，在这一时期对新的国家政治存在十分不同的评价，并试图对这样的分歧做出解释。[4]

本文主要讨论的是罗马，不过将会以中国史学为参照。通过比较，罗马历史的特殊性将变得更加清晰。与此同时，罗马和中国之间某些相同之处可能指明某些普遍存在的帝国思维的构成因素。作为一个非专业的中国史家而讨论中国史学，也许并不是看似那么严重的问题，因为在实际比较中，我们提出的"第三参照者"可能证明有用，也可能证明无用。如果本文中有关中国的描述不充分、有错误、不完整或者是过于简单，那么闵道安（Achim Mittag）将会有所纠正、阐释或补充。

一、塔西佗"帝国史学"所遇到的问题

如果我们问谁是公元1—2世纪"双料罗马帝国"最具代表性的

---

[4] 布朗特对罗马"帝国思维"进行过引人兴趣的讨论，见其《罗马帝国诸题》（Peter Brunt, *Roman Imperial Themes*），牛津，1990年。

历史学家，那么塔西佗[5]这个名字的光芒要盖过了其他人。当然，李维（公元前 59—公元 17 年）是在奥古斯都的统治年代里写作的，但是就内容而言，他的作品刚刚触及元首政治的初始阶段。而且其巨著的四分之三业已散失，幸存部分记叙到迦太基灭亡前二十年就戛然而止了。稍早于塔西佗的历史学家们，其生活和写作的时代是元首政治早期。由于他们几乎所有的著述都未能幸存下来，我们仅知道他们的名字而已。其他人如韦勒尤斯·帕特库洛斯（约公元前 20—公元 30 年后）和斯维托纽乌斯（Suetonius，公元 70—120 年），虽然其著述保留了下来，但这些作品属于"次要的"类型，例如历史摘要和传记。因此，大约 1 个半世纪的罗马帝国的宏大史学著作主要出于塔西佗：其一是《历史》，该书成书于公元 2 世纪的初期，内容涵盖从公元 69 年到公元 96 年的历史，即从四帝内乱到图密善之死。其次是《编年史》，它写作于《历史》之后，涵盖公元 14 年到公元 68 年，即从奥古斯都死亡到朱利乌斯—克劳迪王朝王朝终结的历史。

当时的情形突出地表明，塔西佗在编撰"帝国"历史的时候，显然是有着某种困难的。[6]我们马上就会看到，这个历史学家是个真正复杂的作家，不过还是可以较为准确地确定存在三个问题。前两个问题和帝国的两个方面相关。一方面是君主制以及位于国家顶端的皇帝（Kaisertum，帝制）的问题；另一方面是统治已知世界的一大部分（Reich，帝国）的问题。最后一个问题与前两个问题紧密相连，是塔西佗关于历史进程的一般观念问题。

---

[5] 所涉及的罗马作者和作品的一般信息可参见阿尔布莱希特：《罗马文学史》（Michael von Albrecht, *Geschichte der römischen Literatur: Von Andronicus bis Boëthius, mit Berücksichtigung ihrer Bedeutung für die Neuzeit*），慕尼黑，1994 年第二版。

[6] 关于塔西佗面临的一些困难，克拉克进行了有趣的讨论，见凯特琳·克拉克：《规模有限而有名的著述：塔西佗的反历史》（Katherine Clark, "In arto et inglorius labor: Tacitus' Anti-History"），载鲍曼、科顿、古德曼和普莱斯主编：《对帝国的表述：罗马和地中海世界》（*Representations of Empire: Rome and the Mediterranean World*），牛津，2002 年，第 83—103 页。

第一个问题涉及塔西佗对君主制的态度[7]。这不是一个简单的问题[8]：这位历史学家在书中似乎表明罗马君主制的建立是一个历史的必然，因为罗马和她的帝国不能再依赖共和国时期城邦的政治工具来维系了。[9] 但是更多的段落明确地揭示，尽管在塔西佗的眼里君主制不可避免，这种制度却有着严重的缺陷，他并不赞成这样的政治统治形式。

举个例子，《编年史》的开始部分就非常清楚显示了塔西佗对君主制的怨恨。[10] 在前几卷对奥古斯都统治高度浓缩的概括中，塔西佗并没有把个人统治的出现描写成是罗马历史的必要性，而是描写成个人奸猾和残酷无情篡取权力的结果。[11] 在随后的几卷中对提比略继承皇位的描述强化了读者的印象，即在塔西佗看来君主制不是什么好事。书中的字里行间充满着作者对新政治体制行为方式的厌恶。这些方式的特点就是各色人物，特别是新元首和议员们之间充斥着恐惧、猜疑、敌意和虚伪。[12]

---

[7] 对这个问题最近的研究见肖特尔：《塔西佗对于皇帝和元首的看法》（David C. A. Schotter, "Tacitus' View of Emperors and the Principate"），载《罗马世界的兴衰》（Aufstieg und Niedergang der römischen Welt），2.33.5，1991，第 3263—3331 页。

[8] 对于这矛盾态度的较好描述可见梅洛尔：《塔西佗》（Ronald Mellor, Tacitus），纽约，1993 年，第 88—105 页。

[9] 例如历史 1.16.1；《编年史》1.6.3，1.9.4，4.17.3。问题是几乎所有这些段落都是历史人物的表述，而《编年史》4.33.2 中语焉不详。

[10] 因为幸存下来的《历史》一书的三分之二（卷一至卷三）都是关于公元 69 年维斯帕芗（Vespasianus）登基称帝之前的政治和军事冲突的，而现存的《编年史》涵盖提比略的统治（卷一至卷六）、克劳迪奥斯统治时期的最后三分之一的时间以及尼禄统治的大部分时期（卷十一至卷十六），即是说基本上都是对正常年份的记叙，因此《编年史》对判断塔西佗关于帝制和帝国的问题的态度要重要得多。

[11] 特别参见《编年史》1.2。

[12] 参见《编年史》1.7-8 和 1.11-14。整个描述的第一句话就已令人印象深刻："然而，在罗马护民官、议员、骑士踊跃前来执役。身份越是显要，他的虚伪和轻率越显得粗俗；当王子离开时，他们努力地掩饰着快乐的心境，当王子的出现时，他们也不流露过分抑郁的表情，他们的眼泪中掺杂着快乐，悔恨中夹杂着谄媚。"

对提比略继位的描写仅仅是一个序曲。塔西佗觉得应该记载：元老院里的辩论一再地被议员们的不诚和言不由衷所干扰。他不得不旋即报道在议院里举行的第一场大逆罪审判[13]，这一话题后来占据了越来越长的篇幅。因此，即便君主制这一政治制度的建立是不可避免的，其对历史著述带来的后果无论如何也是阴暗的，因为它迫使历史学家描叙他所憎恶的内容。卷十一至卷十六是对克劳迪和尼禄统治的描述，情形也极其相似。

　　塔西佗书写帝国时期的历史所遭遇到的第二个问题必定是"帝国"这一问题。[14]情况并没有初看起来的那样复杂。毫无疑问，塔西佗在其著作的某些部分通过帝国的敌人之口批评了罗马的帝国主义——例如通过《阿格里科拉传》（*Agricola*）[15]中不列颠的卡尔加库斯（Calgacus）之口，而且他似乎对那些敌人看待罗马帝国的态度抱有一些同情。但是这不意味着他在信念上不是一个帝国主义者。[16]恰恰相反，他所厌恶的是这样的一个事实，即对很多人来说帝国业已完全建立，也就是说帝国似乎已处于完成扩张的状态。

　　塔西佗为这种情况给历史著述带来的后果深感不安。因为这意味着他所能记载的事情有限。无非是在帝国首都发生的事情，而这主要是皇帝与元老之间的对抗，这种紧张的对立以后发展成一系列令人毛骨悚然的审判和杀戮。除了这些事件，他所能记录的大部分是都城和帝国境内不同地区行政管理的问题和措施。在这方

---

[13]　始于章节 1.72。

[14]　塔西佗对帝国态度的最新的全面研究，参见拉德里奇：《帝国的极限：塔西佗著作中罗马帝国主义的策略》（Pierre Laederich, *Les limites de l'empire: Les stratégies de l'impérialisme romain dans l'œuvre de Tacite*），巴黎，2001 年。

[15]　参见《阿古利可拉》（*Agricola*），30—32。

[16]　参见贝纳利奥：《塔西佗关于帝国和"罗马和平"的看法》（Herbert W. Benario, "Tacitus' View of the Empire and the Pax Romana"），载于《罗马世界的兴衰》（*Aufstieg und Niedergang der römischen Welt*），2.33.5，1991，第 3332—3353 页，特别是第 3349 页（小结）。

面,他的记录尽心尽力,却不带什么热情。[17]另一方面,可以这样说,当开始描写军事行动甚至真实战役经过时,塔西佗就成为真正的历史学家了。不幸的是,这样的记录非常有限。在《编年史》的头两卷,日耳曼尼库斯(Germanicus)在日耳曼地区领导的战役是其中一例,但是日耳曼尼库斯被提比略召回了。在接下来几卷中,塔西佗所描绘的军事行动则更像是警察镇压地方动乱,而不是真正的战争。

以上两个问题有助于了解塔西佗在著名的第4卷4.32明确表达的内心深处的沮丧。在前边的章节中,塔西佗又一次记录了元老院中特别令人厌恶的大逆罪审判(4.28-30),还有皇帝对三个案例的司法裁决:一个是诗歌中诽谤皇帝的案例,一个是贪腐案,另一个是诬告大逆罪的案例(4.31)。在记载完这几起案件之后,塔西佗绝望地宣布:

> (1)我自己很清楚,我已经叙述的和我下面将要叙述的许多事情看来也许都是无关紧要的、不值得记述下来的小事情;但是不用当把我的编年史和人们编写的罗马人民以前的历史等量齐观。他们所谈论的或是随意插叙的是大规模的战争,对城市的征服,被打败或是被俘虏的国王。或者如果他们偶尔更愿记叙国内事务,那就是执政官和护民官之间的不和,关于土地法、谷物法的争执、贵族和平民的斗争等等。
> (2)但是我写的事情都是狭窄范围之内的不光彩的事情:因为当前是一个长期的承平时代,有些骚动也都不大;罗马的气氛凄凄惨惨,皇帝也无心扩大自己帝国的疆土。可是,揭

---

[17] 参见例如在第1卷54章(宗教领域的革新),第76和79章(应对洪水的措施),第78章(财务制度),第80和81章(提比略之官职政策)。

开这些事情的表层向里面看一看并不是没有益处的，因为这些事情在初初一看时似乎是毫无意义的，但却往往是重大历史发展的起点。[18]

这一章具有重要意义，有几个原因：首先，它清晰地表明塔西佗的写作兴趣何在，同时又表明他没有机会去写自己感兴趣的东西是由于政治形势的缘故。塔西佗更愿意叙述的是战争与征服，因此，他厌倦帝国上下对现状的满足以及君主无意帝国的扩张。在无法描写战争的情况下，他至少更愿描写帝国内部重要的争执与冲突与悬而未决的事情。因而，**他必定会**将怨恨集中在个人独裁的政治体系上。

另外，这一章在更为一般的层面上勾画出了形势变化的概念，并且提到"帝国"（帝制）时期罗马历史的特定特征对他作为历史学家所带来的困难。塔西佗继承了修昔底德的优秀传统，他认为真正值得记叙的历史是充满活力的，是以发展和变化为特征的，因此历史学家如果必须面对一段相对静态的历史时期，如停滞不前的提比略统治下的罗马社会，那么他一定会感到不知所措。[19]

最后，这一章之所以重要，是因为它澄清了一件事，即塔西佗书写"帝国"（帝制）时期罗马历史时所遇到的困难，不在于他个人的历史书写个性，而是由于他置身于一个特定的史学传统，而他想要达到这一史学传统的标准。塔西佗在谈到他面对"帝国"（帝制）政治的挫败感时，指出他的前辈们书写的是另一类历史。他所谈到的史学家——那些撰写罗马人民古事的人（qui veteres populi Romani res composuere）——显然不是帝制时期以来的史学家，而

---

[18] 译文引自塔西佗：《编年史》，上册，王以铸、崔妙因译，北京：商务印书馆，1981年，第 223 页。略有修改。

[19] 塔西佗：《编年史》，4.32.2：immota quippe aut modice lacessita pax。

是罗马共和时期的史学家（可能下溯到李维为止），而他们记叙的是罗马共和国历史。因此塔西佗所说的他的历史书写与前辈们的历史书写之间的关系，并非没有实质所指。恰恰相反，我们可以认为，如果一方面考虑到共和国时期罗马历史书写的特征，另一方面又考虑到元首政治早期政治情形的某些特征，那么塔西佗作为一名历史学家所遇到的困难是一定会出现的。

至于那些那些撰写罗马人民古事的人的著述的特征，仍有以下三点值得一提。[20]

共和国时期历史学的一个重要主题是罗马内部的发展。在这一发展过程中一个影响深远的阶段是公元前510年（根据传统的纪年）罗马从王国到共和国的转变。在撒路斯特和李维的著作中[21]，我们仍然能注意到，这种转变被看成是正面的，是一件造就了罗马"共和国"（res publica）的事件，它带来公民能量的迸发，并因此而带来了"共和国"的进一步成功。在后来的共和时期，历史学家能够书写而且的确以生动、戏剧化和充满悬念的笔触叙述的事情，是个人与群体之间的斗争，其中每一个角色都努力对国家施加更大的影响。用塔西佗的语言来说，这就是"执政官和护民官之间的不和，关于土地法、谷物法的争执、贵族和平民的斗争等等"。总体来说，他们的历史书写向读者传达出这样的印象，即通过这些争执共和政体不断提升着自己的组织形式和对外扩张效率。然而，从某个时段开始，共和时代的历史书写中发展出了另一个话题，它指明了伴随外部征服的成功所带来的道德败坏这一问题。

在罗马早期的史学中，对外扩张的成功是第二个、可能也是最为显要的话题，即罗马如何从台伯河边的一个小村庄，一路发展

---

[20] 恺撒的《高卢战记》《内战记》和撒路斯特的专门史著作是仅有的保存完整的作品。
[21] 参见撒路斯特：《喀提林阴谋》，6.7-7.7；李维2.1及以后。

成为世界的都城（caput mundi）。这个故事主要包含一系列无休止的胜利之战。这些胜利之战使得历史学家乐于记叙每一场战斗和征服、记叙卓越的军事统帅以及军士们英勇顽强的行动。发生变化的不过是战争的规模而已。最初的战争是与近邻部落的生死搏斗；接着是为争夺地中海统治权，在公元前3世纪和前2世纪征讨迦太基和希腊化世界诸王国的战争；之后则是公元前1世纪为进一步拓展罗马疆域，在已知人类居住世界边缘征讨奇异民族的战争。

上述种种，意味着共和国时期的史学家们记叙的是充满活力的一类历史，它意味着朝着某个方向发展和运动的变化。

由于在数十年间，关于罗马历史的这种观点以及类似观点不仅呈现在历史学著作中，也呈现在其他形式的公共记忆中和历史表述之中[22]，它们在总体上一定深深镌刻在了罗马人心里，尤其是统治阶级成员的心里。因此在奥古斯都时期政治环境的这种改变带来了诸多问题，是可以理解的。首先，由一个人统治罗马国家的思想肯定是为绝大部分罗马人所痛恨的，特别是为其贵族集团的成员所憎恨，因为他们是在共和传统中长大的。其次，从某个时刻起，元首似乎倾向于不要过度扩张罗马帝国，而是满足于管理和保存帝国业已取得的疆域，但这与罗马扩张其势力、提升其国家声望的**欲望**相矛盾，而且也限制了贵族成员通过军功获得个人荣誉这一传统。最后，罗马历史开始走上新的道路，和人们业已习惯的共和国时期充满活力的内部和外部发展大不相同，肯定也使许多罗马人感到不安。上面我们在塔西佗著作中观察到的不安仅仅是这一系列问题在历史书写中的反映。

---

[22] 关于艺术、建筑和公共空间，参考霍尔舍：《瞥见古人：共和国时期罗马的政治纪念碑和公共记忆》（Tonio Holscher, "Die Alten vor Augen: Politische Denkmäler und öffentliches Gedächtnis im republikanischen Rom"），载梅尔维尔主编：《制度性与象征》（Gerd Melville [ed.], *Institutionalität und Symbolisierung*），科隆和维也纳，2000年，第183—211页。

在我们继续研究罗马之前,有必要先看一看另一"帝国史学"的案例,它能展示罗马历史问题的特殊性。与此同时,这个案例也能够揭示罗马的政治思维会如何适应变化了的情形。当然,我所说的这个案例正是来自中国。

二、对照:作为"帝国史学"模式的《史记》

我将要用来做参照的是司马迁的《史记》,它既是最为著名的,也是西方人最容易阅读到的中国古代历史著作。《史记》成书于公元前 100 年左右,时值汉朝立国约一百年。它是一部中国通史,记叙从传说时代到作者生活的年代的历史。[23]

限于篇幅,我重点探讨我们在讨论罗马史学时凸显出来的三个话题:即国家形式问题,战争(与和平)的作用问题,以及历史进程的一般概念问题。既然我们的研究是从塔西佗笔下的提比略这个罗马帝国奠基人奥古斯都的养子兼(间接)继承人开始的,很自然我们会联想到司马迁笔下的汉文帝,即汉朝的开国之君汉高祖的庶子兼继承人。这样我们可以得到中国史学家如何以不同的方式看问题的印象。

司马迁对文帝继承王位的叙述已能说明问题。[24] 他和塔西佗

---

[23] 《史记》大部分内容的译本有恰瓦内斯(Chavannes)的法文本和华兹生(Watson)的英文本。我在此所用的英文全译本是由倪豪士(Nienhauser)和他的团队翻译的。见倪豪士翻译并主编:《史记》(William H. Nienhauser Jr. [ed.], *The Grand Scribe's Records*),布卢明顿(Bloomington)1994 年。英语世界对司马迁及其著作的最好导论仍是华兹生:《中国伟大史学家司马迁》。最近尚有两本有价值的专著,分别是杜兰特的《模糊的镜子:司马迁著作中的紧张和冲突》和哈迪的《金文和竹简的世界:司马迁对历史的征服》。关于塔西佗和司马迁的比较,见拙文《塔西佗和司马迁:一个初步的比较》("Tacitus und Sima Qian: Eine Annäherung"),载《语文学家》(*Philologus*)150,2006,第 115—135 页和《塔西佗和司马迁:个人经历与历史视角》("Tacitus und Sima Qian: Persönliche Erfahrung und historiographische Perspektive"),载 *Philologus* 151,2007,第 127—152 页。

[24] 见《史记·吕太后本纪》末和《孝文本纪》开头。

对提比略继位的记载一样不惜笔墨,甚至其结尾的情景也相似。和塔西佗所记载的提比略一样[25],文帝数次婉拒登极之后,最终才即位为天子。[26] 然而,两位历史学家对这同样的情形看法却非常不同。对塔西佗来说主要问题在于政府形式的合法性,而他否认罗马帝制政府形式的合法性。而对司马迁来说,则主要是文帝作为继承人的合法性问题,而司马迁承认了文帝的合法性。于是,提比略婉拒元老院即位之请在塔西佗眼里是新皇帝又一场伪善而虚假的表演,而在司马迁那里,汉文帝相同的行为则是谦逊和得体举止的自然表露,其德行足以继承君位。总之,塔西佗认为君主统治是有问题的,而司马迁则对君主统治没有任何异议。

司马迁接下来的记叙更证实了这种印象。他所描述的决策过程至始至终都是君主制模式的,而汉文帝对国家大政方针的决策过程的掌握堪为君主体系的楷模:他总是与百官共商国是,择善而从,必要时也圣衷独断。但毫无疑问的是,他是最终决策者,因此也担当责任。对司马迁来说,君主政体自然得体,不存在问题。问题是君主的贤明与否。这种观念贯穿《史记》前后,君主政体以外的其他政府形式完全在史家和他所记叙的历史人物的视野之外。

在事关战争与和平的问题上,司马迁对文帝的记载也同样富有深意。因此观察司马迁如何记录文帝的施政颇有意趣。他首先记叙的是文章在帝国文治方面的诸多建树。[27] 文帝废除了许多严刑峻法,例如连坐和诽谤罪;他在诸子中确立了皇太子的人选,册立了皇后,并昭告天下;他缩编羽林,裁减御马编入驿站。他重启先农坛,籍田劝农。总之,文帝采取的国策是提高帝国治理和改善民

---

[25]　参见《编年史》1.11–13。

[26]　参见《史记·孝文本纪》。

[27]　《史记·孝文本纪》自始至终均有记叙。

生。[28] 对我们来说，关键点在于，司马迁显然对此深感兴趣，即对文帝的文治一面深感兴趣。

《史记》对文帝在外交方面作为的记叙和对其文治的记叙相呼应。赫赫有名的匈奴是当时汉帝国最强大的外敌，司马迁在《孝文本纪》中简要记叙了有关匈奴的一连串事件，在《匈奴列传》中则进行了更详细的记叙。他用大量篇幅描写的是文帝的外交方略，而不是他的武力征伐。《史记》中全文收录了文帝和匈奴单于的外交往来通信，而对战事的叙述则绝对不超过寥寥数行。文帝追求对匈奴的和亲政策，但万不得已时，亦诉诸武力。总的来说，文帝采取的政策是与这个最危险的蛮邦建立和睦关系。可以说，司马迁的记载是和其叙述的对象相适应的。在塔西佗一面津津乐道于描述罗马帝国在德意志地区由日耳曼尼库斯领导的战役[29]，一面指责提比略没有积极扩展罗马的统治版图时[30]，司马迁的叙事却紧扣文帝即便是在与最凶残外敌反复的较量中，仍然试图保持与重建世界的和平与和谐的政策。[31]

或许有人会认为，《史记》对文帝的记载是个特殊情况，但是在《史记》的开篇，司马迁已经揭示了他这一史学取向。《史记》第一篇记载的是传说中的五帝。开篇记载说，轩辕成功击退反叛的部落首领，确立了天子的地位，是为黄帝。在随后的岁月里，黄帝

---

[28] 参见《史记·孝文本纪》中群臣对文帝的肯定性积极评价，近本卷末尾对文帝统治的总结，文帝继承人景帝关于文帝成就的敕令，以及司马迁最后的评论。

[29] 《编年史》，1.49-52，55-71.2；2.5-26。参考弗格特：《Orbis: 古代著述选》（Josef Vogt, *Orbis: Ausgewählte Schriften zur Geschichte des Altertums*），弗莱堡，1960年，第119页论及塔西佗著述中相似部分时所说的："... werden die kriegerischen Ereignisse vom Geschichtsschreiber, der überall Beispiele römischer Größe sucht, mit wahrem Heißhunger ergriffen, die Berichte darüber mit Hingabe gestaltet, die siegreichen Feldherrn gern als bewundernswerte Nachfahren republikanischer Zucht und Größe bezeichnet."

[30] 参见塔西佗 4.32.2：princeps proferendi imperii incuriosus erat.

[31] 与此相应，在《史记·孝文本纪》的总结部分，司马迁解释道，文帝的绥靖政策的动机来自他"恶烦苦百姓"。此前不久，他解释说文帝个人的简朴和谦逊，是希望"毋烦民"。

忙于教化、管理、历法和祭祀等事务。《史记》记载道，由于他的作为，"万国和"。

之后关于尧舜以及夏朝建立者禹的记载更为详细，但也是同样的取向。有关舜的记载中，三分之二的篇幅用于描述舜和百官商议治理天下的分职之事的情景。《夏本纪》详细记载了大禹的活动，主要仍然是治理天下的方面。他成功开辟交通，治理水系，并巡视九州，以确定各地贡赋的合理尺度（"相地宜所有以贡"）。接着司马迁记载了舜上朝的情景，他和禹及二臣商讨理民之术。其中特别提到，君臣及百官的个人修养乃是成功统治的必要条件。

因此《史记》一开篇就非常关注天下的良好治理，反复提到天下大治的目标是和平和谐的世界秩序。[32] 至于蛮夷之人，他们自身似乎并不形成独立的政治因素，而是形成天下的四周，时不时需要将他们融入或者重新融入华夏世界的秩序。

总体而言，似乎十分明显，《史记》中战争与和平的作用大不同于塔西佗著述中的作用，甚至可以说，大不同于总体的罗马史学中的作用。

最后来看一看司马迁怎样看待总体的历史进程。虽然这问题很难回答，但还是可以概括为几句话：首先，司马迁在《史记》中没有专就这个问题形成前后一致的表述，却有许多有关历史进程的言论散见于各卷中，彼此并不一定矛盾，而是组成了一幅多维的图景。其次，与罗马历史学不同，《史记》中没有历史朝着特定目标线性发展的思想。相反，我们找到了几个概念，它们包含了历史的重复性、或历史运动的循环性思想。因此，有些章节暗示历史摇摆于盛世与乱世，大治与小治之间。此外《史记》还提到历史按

---

[32]《史记》卷一《五帝本纪》，尼恩豪斯 i.3："和合万国"；《史记》卷一，尼恩豪斯 i.6："……他使诸国关系和谐"；《史记》卷一，尼恩豪斯 i.13："……内平外成"；《史记》卷二，尼恩豪斯 i.32："举世大治"。

固定年限周而复始地运动。最重要的是，书中揭示了朝代更替的概念，它依据统治者的道德水准，按照朝代的建立、发展、繁荣、衰败和崩溃这个模式更替。[33]

综上所述：略微看看《史记》，我们就发现司马迁在历史兴趣、视角和观点这几个方面都与罗马历史学迥然不同。第一，基本的统治形式从来不是个问题。他从来没有提出统治权应该由某一人、某一群人还是人民来行使的这一问题？无论是在历史人物还是在史家的视域范围内，君主统治都是唯一的原则。第二，在历史叙述的主题选择上面，我们可以看出，司马迁的真正兴趣是国家的内政管理。司马迁透彻地描述了君主如何英明地选贤任能，对官员委以重任；而百官如何兢兢业业，恪尽职守；而总的来说，国家的大政方针又是在何等程度上达到了国昌民安的目的。第三，在与外部世界的关系上我们可以这样进行总结，从某种意义上来说，并不存在外部世界，因为帝国被想象为天下，已经包含了整个世界。然而，当然也存在着军事行动的空间。在天下的周边居住着蛮夷诸族，不同的地方存在不同的蛮夷。这些蛮夷不时会骚扰和平秩序；因此不时需要征伐他们，或是吸纳他们，以重建和平与秩序。值得注意的是，司马迁对武力和军事事务似乎没有强烈的兴趣。第四，所有这些都与司马迁关于历史进程的思想相关联，对他而言历史进程既没有方向性，也不是直线的。相反，他认为历史的进程以这样或那样的方式重复，这种重复或是治乱的交替，或是固定时期内某些现象的周期性反复出现，抑或是朝代兴亡更替的重复性模式。

---

[33] 关于一般中国史学中的时间观念问题、尤其是司马迁《史记》中的时间观念问题，见闵道安：《中国的时间观念》(Achim Mittag, "Zeitkonzepte in China")，载缪勒和吕森主编：《历史感觉的形成，问题的形成，时间观念，认知视域，表述策略》(K. E. Müller, J. Rüsen [Hgg.], *Historische Sinnbildung. Problemstellungen, Zeitkonzepte, Wahrnehmungshorizonte, Darstellungsstrategien*)，汉堡，1997年，第251—276页，尤其见第263—270页。

三、回到罗马：维吉尔《埃涅阿斯记》、贺拉斯晚期《歌集》和韦勒尤斯《罗马史》中的"帝国历史意识"因素

仔细思索起来，似乎可以说我们所概述的司马迁的思想应该大体上和一个君主制世界性帝国应有的史学思想相一致，即便其世界性是它自身所想象的。[34]

如果我们的这一认识无误，那么我们应该在罗马也能找到这些思想；如果不是在现存的史学作品中，那么至少也应该在其他同样表述历史意识的文献中找到。事实也正是如此。下面我将试图说明，我们在司马迁的《史记》中观察到的"帝国历史意识"，也以这样或那样的形式存在于维吉尔的《埃涅阿斯记》、贺拉斯晚期的《歌集》、以及韦勒尤斯·帕特库洛斯的《罗马史》中。也就是说，这些因素出现在了比塔西佗的著作早得多的文献中。前者属于公元前 27 年奥古斯都元首政治建立之后十余年内的文献，后者（塔西佗的著述）则属于公元 14 年第一次元首即位之后十余年内的文献。

1. 维吉尔的《埃涅阿斯记》[35]

我们知道奥古斯都或打着他旗号的梅凯纳斯（Maecenas）曾逼迫维吉尔创作一首歌颂元首的史诗来颂扬其业绩。而维吉尔没有就范。他没有写历史史诗，而是创作了一部关于罗马史前史的神话史诗，但其中包含了对历史的回顾：第一卷中朱庇特的预言；[36] 第六卷中埃涅阿斯（Aeneas）拜访地下世界和未来罗马英雄人物的

---

[34] 关于帝国的"逻辑"和世界性统治，可见明克勒：《帝国：统治世界的逻辑——从古代罗马到美国》（Herfried Münkler, *Imperien: Die Logik der Weltherrschaft — vom Alten Rom bis zu den Vereinigten Staaten*），柏林，2005 年。

[35] 最近对这一主题某些方面的研究，可见阿德勒：《维吉尔的帝国：〈埃涅阿斯记〉中的政治思想》（Eve Adler, *Vergil's Empire: Political Thought in the Aeneid*），廊汉姆（Lanham），2003 年，尤见第 193—216 页。

[36] 参见《埃涅阿斯记》，1.257-296。

出场；[37] 第八卷中埃涅阿斯的盾牌上所描绘的历史场景。[38] 那么，在《埃涅阿斯记》中，尤其是以上提到的几段描写中，罗马历史是怎样呈现出来的呢？我将要从三个方面展开讨论。本文第一部分已提请读者注意这三个方面：即国家的机构，战争与和平的角色，以及历史进程的观点。

第一，《埃涅阿斯记》中的英雄不是奥古斯都，而是埃涅阿斯。事件背景不是设于作者生活的时代，而是设在特洛伊战争及以后的神话时期。这个神话世界通行的、自然的而且事实上唯一的社会政治组织模式是某种类型的君主制。所有参与特洛伊战争的群体都由一人来领导，即他们的国王、某贵族或某首领。《埃涅阿斯记》中不同族群的政治群体也同样处于这种制度中。这种政体受到传统的认可，是无可质疑的，因而在意识形态上也不存在问题。[39]

这样，埃涅阿斯的故事为以相似的方式呈现奥古斯都铺设好了背景。在《埃涅阿斯记》中，奥古斯都出现在对罗马历史的两处描写中。在第六卷中的地下世界场景中，诗人介绍说，他（奥古斯都）将重建拉丁地区（792）的黄金时代，并将把罗马的统治扩张到世界的边缘（794—797）。在第八卷埃涅阿斯的盾牌场景中他甚至出现了两次：一次是在盾牌场景描写的中途（678），奥古斯都在亚克兴之战中率领罗马舰队迎击安东尼（685）和克里奥帕特拉（688）率领的军队；另一次是在盾牌场景的末尾，奥古斯都端坐在阿波罗神庙前接受世界人民的敬意（714—728）。在《埃涅阿斯记》的神话历史环境中，奥古斯都的君主地位似乎是充分的和自然的，无论如何至少和脱离这一环境的情形相比，要不那么令人反感。

---

[37] 参见《埃涅阿斯记》，6.756-892。

[38] 参见同上书，8.526-728。

[39] 关于《埃涅阿斯记》中王权观念的重要性，可参见凯恩斯：《维吉尔的奥古斯都史诗》（Francis Cairns, *Virgil's Augustan Epic*），剑桥，1990，第1—84页。

第二，正如我们所看到的那样，战争在罗马历史意识中扮演着极其重要的角色。另外，战争是史诗的典型素材。于是在《埃涅阿斯记》中，战争必然扮演一个突出的角色。事实就是这样。比如在主要叙事中，战争充斥了整个第二卷，在此埃涅阿斯讲述特洛伊陷落的故事。而该书的后半部几乎全是战争的描写，尤其是最后四卷叙述了特洛伊人和意大利人之间的争斗。在对罗马历史的插叙中，战争也同样扮演了重要的角色，例子俯拾皆是。[40]

然而，事情还有另一面。可以确信的是，我们在史诗的任何地方都找不到帝国内政管理的内容。但是，正如菲利普·哈迪（Philip Hardie）指出的那样："对埃涅阿斯的盾牌情节的细致研究表明，战争与和平的对照是该作品结构的关键。而战争与和平的对照也是奥古斯都统治意识形态的核心和对城市赞美的规定内容之一。"[41] 因而，"盾牌最后表现被征服的世界的代表们身处罗马城的场景，同时也表现了它是一座和平之城的形象"[42]。

如此解释的一个理由是史诗描写的这个场景的背景。在帕拉丁阿波罗神庙前耸立的阿波罗神像不是被刻画成弓箭手，如同盾牌上刻画的亚克兴之战场景中出现的阿波罗那样，而是被刻画成竖琴演奏者，而这是和平的装扮。更重要的是，在维吉尔对罗马历史描写中，从战争走向和平的进程并不是什么新鲜事。早在作者对罗马历史的第一次回顾即《埃涅阿斯记》第一卷朱庇特的讲演中，就已

---

[40] 朱庇特（Jupiter）的演讲从埃涅阿斯在拉丁地区（Latium）的战争（1.263）开始，到恺撒将帝国疆界扩展到世界尽头（1.287）结束。未来的英雄当然包括罗马历史中最重要的军事领袖，例如西庇阿家族的将领（6.842-3）和伟大的马凯路斯（6.855-9）。正如叙述者自己所说，埃涅阿斯盾牌的描写包括"所有阿斯卡纽斯（Ascanius，也就是埃涅阿斯的儿子）的后裔"，和一场又一场战争（8.628-9）。

[41] 参加哈迪：《维吉尔的〈埃涅阿斯记〉：世界秩序与帝国》（Philip Hardie, *Virgil's*, '*Aeneid*': '*Cosmos*' *and* '*Imperium*'），牛津，1986年（1998年重印），第358页。

[42] 同上书，359页。

经清楚地把"罗马的世界性帝国与普遍的和平连在一起了"[43]。

> 战争已经结束,风起云涌的时代会逐渐变得恬静:灰色头发的托拉斯特和维斯塔,拉姆斯和他的兄弟奎日呐斯将一起制定法律;可怕的战争之门将会被坚硬的铁闩关上;不甚虔诚的复仇女神坐在邪恶的武器上,双手反剪,上百个铜结系在身后。她带血的嘴角将发出恐怖的吼声。(291-296行)

毫无疑问,《埃涅阿斯记》所回顾的罗马历史充满了战争,但同时也强调了这样一个观念,即奥古斯都通过的一系列的战争导向了最终的目的:就是罗马帝国的疆界扩大到了世界的边缘,这与在罗马统治下建立世界范围的和平与秩序是一致的。

这自然引出第三点,《埃涅阿斯记》所展示的罗马历史结构是怎么样的。正如我们所见,出现了某种决定性的东西。我们已经提到,共和国的内外发展都具有方向性这样一种思想,是共和国史学的特征。现在在这种思想之外,又出现了一种意识,即认为罗马帝国达到了一个最终的状态,这种状态需要保持下去。就将来而言,历史不是发展而是延续:正如朱庇特明确指出的那样,伴随着帝国统治在空间上的无限,它在时间上也应该是无限的。(1.278-9行)[44]

然而方向性发展的观念并不仅仅为应该保持和延续最终状态的观念所补充,而且还为一个类型上重复的结构所主宰。[45] 这种类

---

[43] 参见哈迪:《维吉尔的〈埃涅阿斯记〉:世界秩序与帝国》(Philip Hardie, Virgil's, 'Aeneid': 'Cosmos' and 'Imperium'),牛津1986年(1998年重印),第358页,同时参考阿德勒:《维吉尔的帝国:〈埃涅阿斯记〉中的政治思想》,第96—97页和第199—216页。

[44] "我赋予他们无限的财富,无穷的时间,无边的帝国。"(his ego nec metas rerum nec tempora pono; / imperium sine fine dedi.)

[45] 这里我们又看到维吉尔写作方法的优点,它不是关于奥古斯都的史诗,而是关于埃涅阿斯的神话—历史史诗。这样他就可以把埃涅阿斯的故事当作即将到来的历史事件的前奏。

型上最重要的关系当然是埃涅阿斯和奥古斯都之间的那种关系。通过第八卷中国王尤安达[46]讲述的赫丘利和卡库斯的故事，这种模式进一步延伸到过去。[47]由次我们发现了这样一个序列：赫丘利—埃涅阿斯—奥古斯都与他们相应的对手卡库斯—图纳斯（Turnus）—安东尼相对照。很明显，这种类型重复的策略的效果就是，罗马历史在它的发展的结构外，还获得了一种重复的结构。即是说，罗马历史上不断重复着激情、暴怒、憎恨的力量与和平和秩序的力量之间的斗争。因此很明显的是，必须不断地重建和平与秩序。显而易见，帝国将来大体上停滞的思想可以很容易地融入这种模式之中。

2. 贺拉斯晚期的《歌集》

在贺拉斯后期的抒情诗即《世纪之歌》和《歌集》第四卷中，我们能够找到相似形式的"帝国历史意识"的所有这些因素。若干年前，我曾详细讨论过贺拉斯抒情诗中从"共和"到"帝国意识"的转变。[48]因此在这里我仅就我们感兴趣的三个要点做些概括。

第一，在贺拉斯的《长短句集》和早期的《歌集》中，屋大维被描写成内战中正当地代表国家一方的领袖。而在贺拉斯的后期的抒情诗中，奥古斯都则是以完美的君主、罗马第一人的面目出现的。所有其他人都专注于私人生活，愿意而且的确将国家管理的事务以及维护安全和谋求民众幸福的责任交给他。在先前类似的但却更微弱的表达之后[49]，贺拉斯《歌集》第四卷第5首和第15首称

---

[46] 《埃涅阿斯记》，8.184-267。

[47] 具有基础性意义的关于卷8的解读以及总体上对《埃涅阿斯记》的类型学上的解读，参考宾德尔：《埃涅阿斯和奥古斯都：〈埃涅阿斯记〉卷八解读》（Gerhard Binder, *Aeneas und Augustus: Interpretationen zum 8.Buch der Aeneis*），《古典语文学丛刊》（*Beiträge zur Klassischen Philologie*），第38卷，迈森海姆，1971年。

[48] 参见拙文《贺拉斯和奥古斯都》（"Horaz und Augustus"），载《伍尔兹堡年鉴》（*Würzburger Jahrbücher*）16，1990，第117—136页。

[49] 例子可参考3.8和3.14。

奥古斯都为"罗马人民的保护者",是给予西方民众"悠长假期"的"贤明领袖",从而引导听众(读者)相信他就是君主,其统治恢复并保持了民众的福祉和国家昌盛。[50]

第二,贺拉斯关于战争与和平的角色也有些有趣的见解。在他早期的《长短句集》第9卷和《歌集》第1卷第37首中,内战中屋大维(即后来的奥古斯都)的对手安东尼和克里奥帕特拉被征服了。但他们是作为征服者的对等敌手而被征服的。而《歌集》第4卷中奥古斯都征伐的外部敌人则被看成是低级的对手,对他们的敌对行动毋宁说是讨伐和击败,不如说是惩罚和降服。因此,出现四五起小的骚扰并不足虑。为了秩序和安全,帝国不时要做的是采取措施,对付那些旨在搞破坏的挑衅者。[51]与这种新的战争观念互补的是,在贺拉斯后期的好几首诗作中,不断提到和平、秩序和民众的福祉,这些都被说成是奥古斯都主要的成就而加以赞颂。总而言之,如同《世纪之歌》的若干片段和《歌集》第4卷第5首和第15首的内容所示的,奥古斯都时代的革新是全面的,涉及经济生活,尤其是乡村的经济生活,同时也涉及总体的政治、社会和道德秩序。[52]

第三,与以上要点相关的是,我们可以看到贺拉斯前期和后期的诗歌中关于实际历史进程的认知发生了怎样的变化。[53]在贺拉斯的两种作品中,两组相应的诗歌最清楚地反映出关于的历史进程的不同观念,第一组是《长短句集》第1首和第9首、《歌集》的第1卷第2首和第37首;第二组是《歌集》第三卷第8首和第14

---

[50] 参见《歌集》,4.5.1-2:divis orte bonis, optime Romula / custos gentis... 4.5.37-38:('longas o utinam, dux bone, ferias / praestes Hesperiae!' dicimus...),4.15.4-5:tua, Caesar, aetas / fruges et agris rettulit uberes / ...

[51] 这种模式已在 3.8.21-28 中出现,参考《歌集》,4.5.25-28,4.15.21-24。

[52] 参见《世纪之歌》各章;参考《歌集》,4.5.17-24 和 29-32,4.15.4-24。

[53] 以下参考拙文《贺拉斯和奥古斯都》,第 124—125、134—136 页。

首、第四卷第 5 首和第 15 首。在《长短句集》和《歌集》第 1 卷中，人们读到的是一种危机的经历，一种指向最终决定的发展。而在《歌集》第 3 卷中已经出现、在第 4 卷中明白无误地表现出来的，则是对历史的实际进程的另一种看法，即历史进程是一种平稳的流动，或者是一种稳定和繁荣的生活秩序，只是不时为军事行动所打断，而元首及其亲密的助手们采取军事行动的目的，也仅仅是确保治下的安全和安定。

毫无疑问，对贺拉斯诗歌这一方面值得做更为细致的分析。但在此我不打算进一步阐述贺拉斯的表达，而是回到历史书写本身，看一看我们在奥古斯都时代诗歌中观察到的"帝国历史意识"如何反映在另一部文献之中，这就是韦勒尤斯的《罗马史》，它比塔西佗开始其历史著述的时间还要早几十年。

3. 韦勒尤斯的《罗马史》[54]

如上所述，韦勒尤斯·帕特库洛斯没有创作出历史学的鸿篇巨制。继维吉尔和贺拉斯之后大约半个世纪，可能在公元 30 年，他出版了一部两卷的罗马史概要，讲述从特洛伊战争结束覆盖到他自己时代的历史。这本小书的幸存版本有着大篇幅残缺，其叙事扼要，同时却也记载了不少逸闻趣事。然而，它已足以表明韦勒尤斯对帝国事务的态度。

首先，该书表明了韦勒尤斯关于国家制度的看法。我们知道，韦勒尤斯在提比略统治时期担任军队中的不同职务，是提比略皇帝重要而无条件的崇拜者。他在其著作的最后四分之一章节里刻画的作为行政管理者和军队统帅的提比略，令人印象深刻（从 2.94 开始），极有价值地补充了塔西佗笔下留给人阴郁印象的提比略形

---

[54] 西米泽：《韦勒尤斯·帕特库洛斯与提比略时代对历史的兴趣》（Ulrich Schmitzer, *Velleius Paterculus und das Interesse an der Geschichte im Zeitalter des Tiberius*，海德堡，2000 年）是关于韦勒尤斯及其著作的最新研究。

象。[55] 韦勒尤斯不仅把提比略描绘成正面人物，而且毫不怀疑元首制是罗马和罗马帝国正确的政府形式。他不仅赞扬提比略是英明的管理者和军事统帅[56]，就如同赞扬一个共和国时期的政治领导人一样，而且称赞他是天生的元首，在年轻的时候已显现出（未来）元首的样子（2.94.2）。在辅佐奥古斯都的时候，他就证明了自己是罗马帝国永久的庇护者（2.120.1）。最终，在奥古斯都去世后，提比略凭借自己的品质、功绩和人格魅力（2.124.1: tantaque unius viri maiestas）必定成为奥古斯都之后帝国的领袖。

其次，就战争与和平而言，韦勒尤斯的态度兼含传统的罗马人（和旧军官）对武功与军事才能的崇尚，同时也包含"帝国"对和平、秩序和繁荣的重视。在对提比略奉职于奥古斯都麾下的记载中，提比略的军功数次成为中心话题。他最大的军功取得于公元9年瓦鲁斯及其军团惨败于日耳曼人之后。在这种情形之下，他挑起了保卫帝国、抗击最危险的外部敌人的重担（2.120.1–2.120.2）。作者的重点完全集中在军事行动上，并且强调军事行动不仅仅限于军事防御，而且包括对莱茵河对面的攻击，对攻击瓦鲁斯的敌人的惩罚，以及光荣班师返回冬季营地。韦勒尤斯这个提比略的前任军官对他的将军报以由衷的赞叹。

但是，事情还有另一方面。这非常清楚地表现在两个段落中：其一是对提比略从罗德岛返回罗马的部分描写，涉及人民对提比略怀有的期望。在韦勒尤斯的笔下，这些期望指向一种和平与秩序的状态，在这种状态下每个人都可以全力关注自己的个人生活，为自己和家庭的福祉而努力（2.103.5）。

---

[55] 可参考昆泽：《论韦勒尤斯·帕特库洛斯对提比略皇帝及其时代的描写》（Claudia Kuntze, *Zur Darstellung des Kaisers Tiberius und seiner Zeit bei Velleius Paterculus*），法兰克福，1985年；西米泽，2000年。

[56] 他赞扬提比略的方式让我们多次想到维吉尔和贺拉斯赞扬奥古斯都的方式。

另一段文字更提纲挈领。在临近作品结尾的地方，韦勒尤斯对皇帝提比略的成就做了全面的总结性评价。在此，评价的要点还是完全放在和平方面（2.126.2-3）：

> 信任和信赖重又召回到了罗马市政广场；早已被湮没和遗忘的公正、合理和勤奋被重新归还给了公民们。官员获得了威望，议员重获尊重，法庭再次受到重视……高尚得到了奖赏，下流则受到了惩罚。低阶层的人尊重贵族，但却并不害怕他们。贵族优先于下层人民，但却并不鄙视他们。什么时候粮食的价格如此低廉，什么时候和平达到这样的程度？奥古斯都的和平覆盖从东到西的所有国家，达至南北边界，甚至最偏远的地区都蒙受保护，人们也免除了遭受歹徒攻击的恐惧。

在这里韦勒尤斯对公民生活价值的重视是如此令人印象深刻。同样令人印象深刻的是，就我所知，这是第一次把整个世界都看成是"奥古斯都和平"（pax Augusta）时代的受益者。[57]

最后，在历史进程的观念上，韦勒尤斯没有给出特别复杂的看法。罗马及其帝国的长治久安无疑是作者向往和日夜祈盼的内容。因此，他记叙说，人们希望提比略从自我流放的罗德岛回来后，能够维护"罗马帝国的长治久安和永恒"（2.103.4）。他用以结束其著述的祈祷表达的也是同样的意思。他向"把罗马帝国的民众带到世界之巅的诸神"祈祷（2.131.1），祈求诸神守卫、维护和保护"这个状态，这份和平，还有这位元首"（2.131.2），并且在元首去世后，保佑继任者同样适合承担统治世界的重担（2.131.2）。

---

[57] 韦勒尤斯：《罗马史》2.126.3："……奥古斯都和平保护整个世界免受强盗抢劫之忧"（pax Augusta per omnis terrarum orbis angulos a latrociniorum metu servat immunes）。

这样我们看到，韦勒尤斯关于罗马历史进程的观点是与维吉尔和贺拉斯相一致的。随着帝国和帝制的建立，罗马的历史进程达到了它的目的。至于帝国的未来，韦勒尤斯想象到的不是它的进一步发展，而仅仅是它持续的稳定。

4. 几点启示

通过我们对维吉尔、贺拉斯和韦勒尤斯的研究，有几个问题已经弄清楚了。首先，从罗马不断扩张直至统治了地中海世界及其毗邻地区的共和国时期到罗马帝国巩固下来并且建立起君主制结构的时期，罗马的历史意识有了一个发展。第二，新的历史意识的特征是：(a) 接受政府的君主制形式，(b) 注重统治的文治一面，视和平、秩序和繁荣为基本成就。还有一点补充 (b′) 把战争看成仅仅是针对帝国边缘地区挑衅者的惩罚行为。(c) 在历史进程的观点上强调持续和重复，而不是变化和发展。第三，罗马历史意识的这些因素使得罗马的史学著作与司马迁《史记》中的历史意识十分相似，以至于可以说，某种类型的"帝国意识"模式出现了，而可能是君主制结构下的帝国的一般特征。

四、最后的罗马问题

然而，我们必须问最后一个问题，这只涉及罗马。我们怎么解释塔西佗与其中国同行司马迁相反，仅表现出很少的"帝国意识"，而在他之前奥古斯都时代的诗人和作为"帝国史家"的韦勒尤斯却表现出如此多的"帝国意识"呢？对这个问题，我们当然应该考虑到多种原因。然而如果我们假定这些作者的社会政治背景和读者都对他们著作的思想取向有所影响，同时他们以某些文体写作这样一个事实也有所影响，那么我们可能没有跑题。

1. 维吉尔与贺拉斯

在很长一段时间里，罗马的诗人社会地位相当低，为了维持自己的诗人生涯，他们不得不依靠贵族阶层的赞助。[58]维吉尔和贺拉斯就属于这类诗人。

在共和国的最后几十年里，像恺撒和庞培那样的赞助者大大战胜了与其竞争的元老。随着元首制的建立，奥古斯都便成了一个超级赞助人，尽管他并没有将其他贵族完全排除在这一赞助游戏之外。他甚至似乎鼓励了其他人赞助文学与艺术，用以补偿他们日益减少的政治影响，并且作为将他们融入新秩序的手段。奥古斯都另一机敏之处就是他自己没有直接赞助维吉尔和贺拉斯，而是由他的心腹朋友梅凯纳斯起着赞助人的作用。同时，我们要强调的是两位诗人都和新的权力中心建立了密切的关系。

我们很难界定两位诗人的读者是谁，可能随着时间的流逝，读者群也都发生了变化。维吉尔的田园牧歌和贺拉斯的早期抒情诗歌肯定都不是为街头民众创作的。另一方面，当维吉尔撰写《埃涅阿斯记》时，他一定知道里维斯·安德罗尼库斯（Livius Andronicus）的《奥德修记》和恩纽斯（Ennius）的《年代记》在学校被广泛诵读，拥有大量读者，而他的《埃涅阿斯记》正是继承了此二人的传统。贺拉斯在创作《歌集》第4卷时似乎是受到了奥古斯都的激励，后者聘请他为公元前17年的世纪庆典（secular games）创作公共赞美诗。在《歌集》第4卷的一首诗歌中，贺拉斯自豪地说到了这样一个事实：他声名鹊起，罗马街市上的路人都认得他。[59]因此似乎有可能，维吉尔与贺拉斯的后期作品针对的读者也是广大的公众，也就是说，是罗马、意大利和行省中受过教育的富裕者，这些人大部分无疑是帝国新秩序的既得利益者，因此也对它持肯定的态度。

---

[58] 参考戈尔德：《希腊和罗马的文学赞助》（Barbara K. Gold, *Literary Patronage in Greece and Rome*），教堂山（Chapel Hill），1987年。

[59] 《歌集》，4.3.22。

毫不奇怪，在这样的社会政治框架内，维吉尔和贺拉斯创作的作品接受了一种意识形态，其中帝国元首占据着中心位置，其成功恢复和保持国家安定被看成是最终极的成就。[60]

2. 韦勒尤斯·帕特库洛斯

关于韦勒尤斯·帕特库洛斯，五十年前艾尔波特·迪勒（Albrecht Dihle）在保利—维索瓦（Pauly-Wissowa）《百科全书》中的文章中已有定论："我们应该把韦勒尤斯看成是新的帝国文员和军官阶级的代表。他们对元首的忠诚和信任比古罗马所有德行和自由的思想都更为重要，而这些常常和君主制统治背道而驰的思想在都城的元老贵族之中幸存了很长一段时间。"[61]

这里只要补充几句就足够了。迪勒关于韦勒尤斯社会背景的说法对于他大部分的读者也可能是适用的。莱蒙德·斯达（Raymond Starr）曾经指出，韦勒尤斯的罗马简史（某种程度上"非罗马"史），"对那些因长期在军队服役或从事帝国管理而多年远离正式教育的人们来说，可能是相当有用的"。[62] 更一般地讲，他的历史著作对生活在意大利和行省的特定阶层来说可能是相当有益的，因为皇帝是从这些阶层中征召管理帝国的官员和保卫帝国的军人的。也就是说，韦勒尤斯和至少他的部分读者属于公职阶层，他们中许多成员依靠成为维持帝国秩序的日益庞大的机器的一份子来谋生，所以他们有足够的理由拥护帝国和帝制。

---

[60] 另外，他们写作诗歌即神话历史史诗和节日抒情诗这一事实，使得他们能够更自由表达一些思想，而在严肃的散文体著述中，这样的思想则会更成问题。

[61] 参见迪勒：《韦勒尤斯》（Albrecht Dihle, *Velleius*），载《保利—维索瓦古典学百科全书》，8A1，1955年，第637—659页，尤见第652页。

[62] 斯达尔：《韦勒尤斯〈罗马史〉的范围和文体》（Raymond J. Starr, "The Scope and Genre of Velleius' History"）载《古典学季刊》（*Classical Quarterly*）31期，1981年，第162—174页，尤见173页；亦参考艾勒方特编：《韦勒尤斯·帕特库洛斯之〈罗马史〉》（Maria Elefante[ed.], *Velleius Paterculus, Ad M. Vinicium consulem libri duo*），苏黎世，1997年，第19—50页："作者及其作品"。

3. 塔西佗

塔西佗所处的时代截然不同,为了理解这些,我们必须采取历史视角。

历史学是罗马元老阶层标志性的文学书写类型。长期以来,历史著作几乎完全是由元老阶层的成员所撰写的,而这些著作首先也是给元老同僚们看的。[63] 换言之,历史书写是掌控罗马政治的阶层的事务,这个统治阶层的成员既合作又相互竞争。所以并不奇怪的是,那些历史著作是以贵族和共和派的观点呈现罗马历史的。他们将重点放在共和国的内部发展和对外扩张的功绩上,特别是放在贵族个人和群体的言行上,是他们决定了历史事件的走向。

我们在塔西佗的著作中可以观察到的正是在共和国消逝已一个多世纪、罗马早已变成帝制帝国之后,这样一种视角的顽强存留。塔西佗可能来自外省,也可能来自意大利,但是肯定不是出自罗马城本身。但他还是凭借自己的天赋和一定的家族关系,进入了罗马社会的高层圈子。正如经常发生的那样,这个新来者将他升入的那个社会群体的思想意识完全内化为自己的了。在这个社会群体中,对历史的传统观点依然有效。正如塔西佗著作中所显示的,这种历史的传统观点是如此的有效,以至于我们这个最伟大的罗马历史学家不能赞同"帝国史学"。

(王秀军 译)

---

[63] 关于早期罗马历史学的社会文化背景,参考贝克和瓦尔特主编:《早期罗马历史学家》(Hans Beck and Uwe Walter [eds.], *Die Frühen Römischen Historiker*),第1卷,Darmstadt,2001年,第17—50页。

第五章　塔西佗（及李维）与司马迁的政治思想

尽管地理上相隔万里，比较古代中国与罗马的意义却不言自明。罗马与中国是古代世界最重要、同时也是地理跨度最大的两个帝国。两国境内均有繁多不同的地域类型与民族。[1] 尽管中华帝国（公元前3世纪）略早于罗马（公元前1世纪），但是从长时段的角度来看，两大帝国在历史上的最终建立时间大致相同。两者的发展过程中都同时伴随着自我理解与自我认同话语体系的产生与成熟。在这一过程中，历史书写扮演着极重要的角色。在东西方的史学传统中，西方的李维与塔西佗以及东方的司马迁的作品都是重要的组成部分[2]。鉴于他们在各自通史以及史学史中的地位，这两类作品也有一定的相似性。

公元前100年左右，司马迁继承并完成了父亲司马谈的伟大事业，书写了一部涵盖神话起源至作者生活时代有关中国历史的综合性史书。《史记》囊括了前人的所有历史作品，有时稍加改动，有时甚至会将前人的史学著作全篇引入。当作品接近作者的时代时，文

---

[1] 对中国与罗马史整体上的比较，吉泽维斯基的研究颇有指导意义，参见其《罗马和中国古代历史之比较——论一个共同的古代世界观念的可能性》（C. Gizewski, "Römische und alte chinesische Geschichte im Vergleich. Zur Möglichkeit eines gemeinsamen Altertumsbegriffs"），载 *Klio* 76 期（1994 年），第 271—302 页。对于两个帝国在公元元年前后时期内情况的比较，见德腾霍弗尔：《罗马帝国和汉代的中国——一项历史的比较研究》（M. H. Dettenhofer, "Das römische Imperium und das China der Han-Zeit. Ansätze zu einer historischen Komparatistik"），载 *Latomus* 65 期（2006 年），第 879—897 页。鉴于本文仅为介绍性质，我将把引用的二手研究文献数量控制在最少。

[2] 相关比较参见笔者在穆启乐和闵道安主编：《构想帝国：中国和罗马之比较》（F. -H. Mutschler and A. Mittage, eds., *Conceiving the Empire: China and Rome Compared*，牛津，2008 年）一书中的论述。

本对更晚近历史的叙述逐渐详细，以至于离作者最近的历史，即汉朝的第一个一百年，占据了全书将近一半的篇幅。

如果要在罗马找与司马迁对应的人物，我们首先会想到李维。在罗马元首制[3]的前几十年，李维综合之前两个世纪的史学作品，以《建城以来罗马史》(Ab urbe condita) 一书综合叙述了自罗马建城到作者时代的历史。不幸的是，该书仅保存下四分之一，剩余部分也难以代表更晚近的历史。因为众所周知，其《罗马史》记录的公元前 167 年之后的部分已佚失。而塔西佗的作品则提供了某种替代品。因为正如《史记》详述西汉第一个世纪的历史那样，塔西佗的作品也大致涵盖了帝国时期的第一个一百年。

本文旨在让读者注意和比较这些史书中一些基本的政治理念以及特定的侧重之处。鉴于这些作品均篇幅宏大，我们首先需要选取一些可能更具比较意义的章节。选择的一项重要标准是主题上的相似性。只有选篇均在讨论相同话题时，才可以确保在比较中发现的两者的不同，不仅仅是因为文本讨论的事物不同这一事实造成的。

考虑到上述原因，笔者决定做一个"双重比较"。在第一重比较中，我所讨论的是塔西佗《编年史》中对提比略统治时期的记叙以及司马迁《史记》中对汉文帝的描写。前者是奥古斯都这一罗马帝国奠基者的养子及继承人。后者则是缔造了汉王朝的汉高帝的庶子及（间接）继承人[4]。在这两个例子中，历史学家记叙的时期距

---

[3] 罗马史一般以元首制 (principate) 和君主制 (dominate) 来区分戴克里先 (Diocletian) 前后的罗马帝国制度。因此本文将前一时期的罗马皇帝翻为"元首"而非笼统的"皇帝"。

[4] 对汉文帝统治时期的研究，参见鲁惟一：《中国早期文献指南》(M. Loewe, [ed.], *Early Chinese Texts. A Bibliographical Guide*)，伯克利，1993 年，第 136—152 页。对提比略统治的研究，见魏德曼：《提比略的统治》(T. E. J. Wiedemann, "The Reign of Tiberius")，载鲍曼、查姆普林和林托特主编：《剑桥古代史》(A. K. Bowman, E. Champlin, A. Lintott, [eds.], *The Cambridge Ancient History*) 第 10 卷第 2 版：《奥古斯都帝国：公元前 43—公元 69 年》(*The Augustan Empire, 43B.C. – A.D. 69*)，剑桥，1996 年，第 209—221 页。

离自己的时代大致相同,即两个帝国得以巩固或是最终完成巩固的过程。但是,两者的巩固都既没有消除内部的紧张与阴谋,也没有解决帝国边境的军事纷争。因此,两部史书都以政治史作为核心内容,即以内部的纷争与外部的军事活动作为中心视角。

但是,除开两位史家的个人风格,在第一重比较中发现的异同究竟在多大程度上代表了他们所在的史学传统的异同?为了回答这个问题,我们将进行第二重比较,对比李维和司马迁笔下描写罗马和古代中国早期历史的片段。而在这一方面,司马迁非常忠实地遵循了前人的书写。在文章最后,我将对全文的结论做简短总结。

在开始探讨之前,指出李维、塔西佗和司马迁的著作在中心体例上的不同,将对我们有所帮助。即便它们的不同并不是本文讨论的主题,但这一背景对我们理解下文依旧很有必要。它们在宏观叙事结构上有所不同。绝大多数的西方传统史学作品,包括李维与塔西佗的作品,都有一个相同点,即以时间线为准,连续而逐步展开叙述,有时会插入突兀的小片段,但在整体上仍保证了事件按时间顺序自然展开。

而司马迁的《史记》则与此不同。这位中国史学家将自己的材料分成彼此独立的几部分,而各部分又进一步划分为独立的章节。全书共分五大部分,计130章。本文主要讨论"本纪"与"列传"两部分。前者以十二章的篇幅,主要记叙了不同朝代以及从某时期开始统治者个人的历史。而后者则以一系列传记,描写了特别重要的群体及个人。

一、塔西佗与司马迁关于提比略和文帝的描写

1. 政治制度

结束背景介绍之后,我们现在要讨论塔西佗笔下的提比略与司马迁描写的汉文帝。就政体而言,两者对新统治者掌控权力过程

的描述都非常重要。

（1）掌控权力

在《编年史》第一卷12-15章中，塔西佗主要描写了从奥古斯都到提比略的权力过渡[5]。首先，塔西佗紧凑地记录了奥古斯都的一系列政治活动（第2-4章）、奥古斯都之死（第5章）以及他的葬礼（第8-10章）。而这些描写同时交织了提比略夺权的过程：首先是他得权的传闻（第5章），紧接着是除去阿格里帕·波斯图姆斯（Agrippa Postumus）的记叙（第6章），之后是这一新时期的第一次元老会议（第7章及第10-13章）。最后，塔西佗描述了授予提比略亲信的各种荣誉与特权（第14章），以及政体上的一些改动（第15章）。而决定性的描写出现在第十三章结尾：

> 提比略终于对这一片喧闹和个人的请求感到厌倦了，于是他就一点一点地让步，不过还不是让步到公开承认接受统治大权的程度，而是让步到不再拒绝和让大家再做恳求。（fessusque clamore omnium, expostulatione singulorum flexit paulatim, non ut fateretur suscipi a se imperium, sed ut negare et rogari desineret.）[6]

司马迁对汉文帝掌权经过的描述主要集中在《孝文本纪》之中。它先是叙述了汉文帝早年生平的重要事件，包括他幼年即被任命为代王。之后记载了吕后去世的事件。外戚企图作乱消灭刘姓皇室，而最终被重臣与宗室挫败。这些人要求代王回都继承皇位。当时代国谋臣，除去宋昌之外，均对朝廷的授命提出质疑，提议拒绝。而被派往绛侯周勃处的薄昭（文帝之舅）则最终确认了中央的诚意，

---

[5] 关于这第一次权力交接的仔细探讨，见胡特纳：《拒绝统治权：介于伦理与战术间的政治仪式》（U. Huttner, *Recusatio imperii. Ein politisches Ritual zwischen Ethik und Taktik*），Spudasmata 93，希尔德歇姆（Hildesheim），2004年。

[6] 塔西佗：《编年史》，1.13.5。

代王也因此动身前往长安。在与群臣在城外初次会面并被授予玺符之后，代王并没有直接答应，最后决定性的会议发生于代王在都城的住所内。在一系列请求和越来越模棱两可的拒绝之后，代王最终说：

> 宗室将相王列侯以为莫宜寡人，寡人不敢辞。[7]

如果比较《史记》与《编年史》中的描述，我们可以发现几处明显的不同。其中最重要的是作者对主题方向定位的不同。

塔西佗的基本问题是从共和国到元首制的政治体制变化。与之对应，文中主要的政治角色一方面有新体制的代言人，即元首（princeps）与他的随从，而另一方面则有元老贵族这一传统体制的代表。最吸引塔西佗的，是这一政体变革对于这些人想法的颠覆性改变。我们很难确认这些人物的根本动机，但是他们说话的方式与行为很明显不诚实且虚伪。而作品的叙事风格也与内容对应，行文的特点是细致的心理描写。通过这些描写，作者也主要旨在揭下他们的虚伪面具。

但无论是对帝国体系或者是对地方郡国的君主政体，司马迁始终没有质疑它们的合理性。历史叙述的中心在于吕后篡权并企图巩固外戚权力（甚至在吕后死后，外戚仍日益猖狂），以及这一过程导致的外戚与宗室之争，甚至是军事冲突。总而言之，司马迁探讨的中心问题是包括继承者个人素质在内，可能的皇位交接是否合法以及帝国面临的混乱与无序之威胁[8]。因此，除去吕后、文帝以及

---

[7] 《史记》卷一〇《孝文本纪》。

[8] 我们可以比较肯定的是，当时的政治情况以及文帝继位的合法性并没有司马迁描述的那么简单清晰。参见鲁惟一：《中国早期文献指南》，第 136—137 页。至于司马迁理想化文帝的倾向以及可能的缘由，参见第 6 章。

一些宗室和外戚成员之外,事件的主要参与者并不是如元老集团一样涵盖面广的政治团体,而是一群为了帝国(同时也是为了自身)权益而掌权的权势人物。

因此,我们可以满足于以下结论:在塔西佗与司马迁笔下,提比略和汉文帝的掌权过程描绘了不同的政治场景。现在人们可能被引导而认为,这一不同的唯一原因在于两者都是对史实的描写,而东西方本身的历史环境就不同。这一观点在某种意义上自然是正确的。但是这并不能解释一切。两部作品的差异不止是史实描写上的不同,同时也基于基本的规范性政治取向的不同。

基于上述两段简短的引文,我们可以对这些基本概念做如下的初步总结。塔西佗的政治思想至少某些部分受罗马共和制传统的影响。他衡量自己描述史实的模型是"共和国"(res publica):元老阶层具体化为政治贵族精英,这些精英基于自由讨论而作出决策,然后由每年更换的各级官员执行。由此看来,围绕提比略的掌权,一系列以猜忌、恐惧、做作与虚伪为特征的事件都是政体改变带来的道德沦丧的产物,而所有的政治参与者几乎无一幸免[9]。

相比之下,在司马迁眼中,政府的君主体制不仅是唯一自然的,同时也是唯一可想象的政体,其余形式对他来说也都不可思议。因此,他的历史所遵从的模式是由君主与谋臣为帝国与被统治者利益而合作的结构,而君主的合法性则主要取决于皇室纽带与个人素质。就《孝文本纪》而言,与文帝掌权有关的事件以及他之后的统治活动都将他塑造为与这一模式非常吻合的统治者。

对应而言,尽管提比略与文帝回应在场者的乞求并表示准备

---

[9] 为了明晰观点,我简化了此处的论点。塔西佗对帝国统治的态度实际上更为复杂,不能被简化为对以往共和国制度的怀旧之情。对此,我们尤其需要参阅肖特尔:《塔西佗对于皇帝和元首的看法》。

掌权的场景从外在表现上非常相似，但其实际含义却并不相同。对于塔西佗来说，对话中的乞求与推诿、再请求与逃避以及最终的恳求与接受，都进一步表明了这位罗马元首与元老之间虚伪与不信任的特点。但对司马迁而言，这一情节的重要性则非常不同：一系列的请求与拒绝是实权人物对帝国利益负责，同时也是皇帝遵照仪礼、尊重朝臣而处事的结果。

在这两个例子中，作者对政权交接做出不同描写的倾向同时也体现于对两位统治者实际统治时期的记述之中。仅简要比较《编年史》及《史记》中有关政治决策过程的描写就可以证实这一结论。

（2）实际统治

在《编年史》中，我们首先会发现，很多事务仍在元老内部协商决定。但是，与提比略掌权的过程一样，对这些活动的描写都一次又一次地表明了参与者的虚伪与自欺欺人。因此，塔西佗在第一次详细记录元老院的协商时，就刻薄地暗指提比略"授予元老自由的幻影"这一事实[10]。即便是一场显然集合了不同意见的真正讨论，也被这位历史学家驳斥为元首宽厚而恩赐的共和制议事程序的幻象。显然，比这更糟糕的是即将开始且急剧增加的御前审判。塔西佗对参与其中的绝大多数元老（部分也对元首）的行为的描写表达了他彻底的憎恶。因此，在第三卷结尾，他对这些事件的著名描写也并不出人意料：

> 关于元老院的决议，我只想要提到那些特别高尚的和特别恶劣的建议。我认为这才符合撰述历史的首要任务，即为了保证人们所建立的功业不被遗忘，并且使邪恶的言行对后

---

[10] 塔西佗：《编年史》，1.77.3。

世的责难有所畏惧。然而那时是如此污浊的一个时代，且因谄媚奉承而如此的卑鄙可耻，以致于不仅是国内那些不得不以奴性来保护自己的显赫声名的首要公民，就是所有曾经的执政官，大部分担任过行政长官的人以及许多普通元老，都争先恐后地提出谄媚且令人作呕的建议。人们传说每次在提比略离开元老院的时候，他都是习惯于用希腊语说，"多么愿意做奴才的人们啊！"看起来，甚至反对人民的自由的这个人，那时也对他的奴隶的这种摇尾乞怜、低三下四的奴才相都感到腻味了。(exsequi sententias haud institui nisi insignis per honestum aut notabili dedecore, quod praecipuum munus annalium reor ne virtutes sileantur utque pravis dictis factisque ex posteritate et infamia metus sit. ceterum tempora illa adeo infecta et adulatione sordida fuere ut non modo primores civitatis, quibus claritudo sua obsequiis protegenda erat, sed omnes consulares, magna pars eorum qui praetura functi multique etiam pedarii senatores certatim exsurgerent foedaque et nimia censerent. memoriae proditur Tiberium, quoties curia egrederetur, Graecis verbis in hunc modum eloqui solitum 'o homines ad servitutem paratos!' scilicet etiam illum qui libertatem publicam nollet tam proiectae servientium patientiae taedebat.) [11]

　　与此处描写的情况相比，在之后三卷对提比略统治的第二阶段的记述中，唯一的变化是御前审判的频率不断加快。另外还加上了皇子们的谄媚求宠和暗箭伤人。从某个时间开始，这些事情耗尽了元老院的注意力，同时还有元老们歪曲事实、使用卑鄙手段的

---

[11]　塔西佗：《编年史》，3.65.1—3。

程度令人发指。在第四卷第32-33章中，塔西佗再次表明，自己看到了在罗马建立君主制后，可能会朝着这一趋势发展。因为在此处，塔西佗打断了对一系列新的御前审判的记述，来讨论自己历史书写面临的困难与无趣，且将之归咎于当时的君主制。

这一新政治体制带来的另一影响，是对政治决策的记录不能仅停留在元老院的决议之上。因此，塔西佗也一再描写提比略以"元首"身份，越过元老院的直接决策。一些情况下，这些决策是出于猜忌或政治丑恶或是周围亲信作祟。但在一系列的例子中，这位罗马元首都基于事实情况作出决策。对于这类决议，塔西佗很清醒地认识到它们的合理性，甚至有时会以赞同的笔墨对其进行记录。但是随着时间的推移，这种情况出现的频率越来越少。

因此，从以上对提比略统治时期的记述中，我们再次验证了分析提比略掌权的过程所得出的印象：塔西佗对元首制政体的建立给政治参与者在政治过程中造成的影响感到不安，而他也认为，正是这些影响迫使他一而再再而三地记录自己所憎恶的事件与行为。

《史记》的相似性则仅体现在，对文帝统治的描述同样印证了我们对权力交接行为的观察。正如当文帝还是代王时，对于是否接受皇位的问题，是在与谋臣充分讨论后最终做出的决定一样，《孝文本纪》一再记述对于紧急事务，已贵为天子的汉文帝都是与"内阁"诸臣充分讨论、仔细考虑各方建议之后，最终作出决策并保证其妥善实施的。这一决策过程始终遵循君主制政体的原则，而在司马迁看来，文帝的做法堪称典范[12]。朝廷内的一些纷争也导致中央召回派往地方的权势人物以及对皇帝亲信的重新洗牌。司马迁将这些事件清楚记载于《史记》第四部分的"世家"之中，却在《孝

---

[12] 这一点体现在文帝崩殂后，儿子景帝为他制诏追述其功业，而百官也将他奉入太宗之庙。而司马迁自己也在文末对他做出了很高的评价。

文本纪》中只字未提。

因此，在第一至第六卷中，塔西佗从共和国的角度描写了政治决议的过程，并明确指出了因提比略上台而最终建立的新政体对绝大多数国家上层精英行为的消极道德影响。而司马迁在《孝文本纪》中则通过文帝处理政治事务的方式，向我们展示了在君主政体这一司马迁唯一知晓与认同的政体之下，国家理想的运行方式是什么。

2. 政治事件：国内与国外

但到此为止，我们讨论的各个决策过程针对的议题分别又是什么呢？对此，我们有必要区分"国内政治"与"国际政治"两大领域。

（1）塔西佗的记叙

让我们首先从塔西佗开始。在《编年史》中，塔西佗当然也在一定程度上强调了统治者及政府的行政工作。在个别章节中，有时是在一系列短小的章节中，塔西佗简明地记录了内政事务，如仪式的变化（1.54）、应对洪水的措施（1.76, 79）、财政政策（1.78）、官员任命与选举（1.80-81）、某行省地震之后的救助（2.47）、神庙翻新以及新庙建成仪式（2.49）、元老限制骑士阶层妇女沦为娼妓的决议（2.85）、外来宗教祭祀的实施（2.86）等。除前两卷之外，我们不难在接下来的诸卷中找到更多例子。

但是显而易见，即便我们仅着眼于国内事务，这些事件也不是主导塔西佗历史书写的主要因素。当我们继续阅读时，与这些事件相似但重要性却愈发突出的是对宫廷以及皇室内部事件的记叙。在描写这些事件时，塔西佗常常就元首的内心想法提供很多细节，而这些心理活动也左右接下来的事件的发展。

但是，从第一卷末尾开始，塔西佗对国内政治的最主要话题变成了御前审判，即在元老院中主要针对政治精英的叛国罪的诉讼。在这类占据越来越多篇幅的判决描写中，塔西佗展现了自己心理描写的技巧与才能。无论是被告（主要是元老院成员）还是元首，其动机最终都可以追溯为恐惧与贪婪。这一点也通过记叙他们实际行为的诡计与歹毒，而详细并无情地揭示出来。正是通过这些在第六卷中占据了不少于四组章节（第4-9章，第18-19章，第38-39章，第47-48章）的描述，塔西佗至少从内政角度，将御前审判当做提比略统治时期的标志。对于这位历史学家而言，人物败坏的品质以及御前审判频率的不断增加，都是奥古斯都新建立的元首制政体的直接产物（参照比较第一卷第72-74章）。换言之，塔西佗认为，这种政体导致某种法律审判成为内政中最重要的议题，与此同时罗马城以及帝国的日常运行则成为次要的问题了。

对于我们而言，对御前审判的描写也给了塔西佗展示他的文学才能的机会。但他本人却很想从叙述这类判决的重担中解脱出来。因此，在第六卷中，他解释了此时不按编年顺序叙事的原因：

> 我之所以把两年夏天的事情放在一起，是为了让心灵从国内的那些恐怖事件中暂得解脱。因为……时间、请求、餍足等等诸多如此类可以使别人的心软下来的因素，却不能使提比略的心软下来，或是让他停止报复那些证据不充分或是早已被遗忘的过错，就好像这些过错都是罪大恶极，而且是不久之前才犯下的罪行似的。（quae duabus aestatibus gesta coniunxi, quo requiesceret animus a domesticis malis. non enim Tiberium tempus, preces, satis mitigabant, quin incerta vel abolita pro gravissimis et recentibus puniret. ）[13]

塔西佗这里指的是之前第31-37章中记叙的公元35和36年的国

---

[13] 塔西佗：《编年史》，6.38.1。

际事务。而在更之前的第 29-31 章里,作者主要描写了公元 35 年的御前审判。此时,塔西佗觉得有必要再一次回归这一主题(公元 36 年的御前审判)。而通过合并 35 年和 36 年的外交事务,塔西佗和读者的心灵(animus)都能暂时从国内的恐怖事件(mala domestica)中得到恢复。在这两年里,首先是帕提亚人出现了内讧,卢修斯·维特利乌斯(第六卷第 31-37 章)成功进行了反对帕提亚王阿塔巴尼斯(Artabanes)的干涉,并以更亲罗马的提日达特斯(Tiridates)取而代之。与可鄙的御前审判和琐碎的日常行政相比,塔西佗显然更愿意就外交事务这一主题展开叙述。在这些事件中,罗马地方执政官和军队也得以成功为帝国的稳定和扩张效力。

事实上,在关于提比略的六卷史书中,塔西佗不断穿插以地方行政官在边境的行动,包括军事行动[14]。在这些部分中,塔西佗都毫不吝啬地赞扬了参与者的卓越贡献,他所提及的不只有将领,甚至还有普通的士兵。

在《编年史》前两卷叙述日耳曼尼库斯远征日耳曼时,塔西佗对这类史料的肯定态度就已经非常明确[15]。这些描写的焦点集中在"北方蛮族",即日耳曼人这一历史宿敌的身上。相比于罗马的历史以及历史书写,这一群体也大致对应中国历史以及历史书写中的匈奴。对此,我们也有机会进一步加以比较。我会更详细地分

---

[14] 塔克法利纳斯(Tacfarinas)在北非的叛乱困扰了罗马人数年,同时也给予傅利乌斯·卡米卢斯(第二卷第 52 章)、卢修斯·阿布罗尼乌斯(第三卷第 19-21 章)、尤尼乌斯·布雷苏斯(第三卷第 72-74 章)和普布利乌斯·科尔内利乌斯·多拉贝拉(第四卷第 23-26 章)以机会证明自己。和卢修斯·维特利乌斯在美索不达米亚做的一样,盖乌斯·波佩乌斯·萨比努斯(第四卷第 46-51 章)成功平定了不稳定多年的色雷斯。

[15] 对塔西佗态度的恰当总结,弗格特说道:"军事事件被这位史学家急切地把握。他处处在寻找有关罗马伟大性的例子。而他对相关的描写也很投入而富于艺术性。胜利的将领被描绘为共和国原则与伟大的继承者。"参见弗格特:《Orbis:古代史著述选》,第 119 页。

析这些章节。

在第一卷第50—51章对利珀河流域初步入侵的描述之后，第55—71章讲述了日耳曼尼库斯的第一次大规模的军事作战。其中最重要的事件有摧毁马蒂乌姆（Mattium）的据点以及解救阿米尼乌斯（Arminius）的岳父塞格瑟特斯（Segestes），后者之前被自己部落的居民围攻。同时还有对瓦卢斯（Varus）战役战场的探访以及与阿米尼乌斯无果的战争和之后撤退过程中经历的诸多艰险与惨重损失。第二卷第5—25章记录了次年通过精确的策略安排而成功的作战。故事的高潮是与阿米尼乌斯及其军队的第二次交战，这场战役最终取得了胜利，尽管这胜利因渡过埃姆斯河以及北海撤退时损失的舰队而暗淡。第二卷第26章最终叙述了诸年战事的终结以及日耳曼尼库斯被召回罗马的事件，而他最终也只是勉强遵从了这一命令。

在关于日耳曼尼库斯征服日耳曼的描写中，塔西佗运用了所有的叙事技巧[16]。毫无疑问，在这些章节里，塔西佗想用长篇描述来吸引和把握读者的注意力。其中的原因或多或少非常明了。在记叙进攻日耳曼人时，塔西佗看到了在叙事中通过描写强硬的军事领导以及勇武精神，来展现罗马人的美德（virtus）的机会。展示这一美德对他来说无疑是正面的。相应地，他指责召回"英雄"日耳曼尼库斯的元首提比略，尽管后者的谨慎是有理由的。他指责这位元首怀着私人的、因此而不诚实的动机，如此行事的"元首"显然对帝国必要的扩张漠不关心（proferendi imperi incuriosus）并且没有以罗马的传统约束自己。因此，塔西佗最终的结论对他自己和读者来说都无趣且没有启迪意义：

> 我自己很清楚，我已经叙述的和我下面要叙述的许多事

---

[16] 参见本书第六章的讨论。

情看来也许都是无关紧要的、不值得记述下来的小事情;但是不应当把我们的编年史和人们编写的罗马人民的古代史等量齐观。他们惯于谈论的或是随意叙述的是:大规模的战争、被攻陷的城市,被打败或是被俘虏的国王;如果他们说的是国内的事情,那就是执政官和保民官之间的不和、土地法、谷物法、贵族和平民的斗争等等。我所写的事情都针对狭隘范围内的不光彩的事情:因为当前是一个长期的和平时代,有些骚动也都不大;罗马气氛凄凄惨惨,元首也无心扩大自己帝国的疆土。(pleraque eorum quae rettuli quaeque referam parva forsitan et levia memoratu videri non nescius sum: sed nemo annalis nostros cum scriptura eorum contenderit qui veteres populi Romani res composuere. ingentia illi bella, expugnationes urbium, fusos captosque reges, aut si quando ad interna praeverterent, discordias consulum adversum tribunos, agrarias frumentariasque leges, plebis et optimatium certamina libero egressu memorabant: nobis in arto et inglorius labor; immota quippe aut modice lacessita pax, maestae urbis res et princeps proferendi imperi incuriosus erat.)[17]

(2)司马迁的记叙

如果将司马迁对文帝统治时期政治事件的描写与塔西佗《编年史》对提比略的描写作对比,我们很容易发现汉文帝与提比略的截然不同。首先,帝国的民政事务,包括政府机构的改善无疑是叙述的中心。而归功于汉文帝的功绩也都被认为是证明其为帝王典范的决定性证据。

---

[17] 塔西佗:《编年史》,4.32.1—2。

在《孝文本纪》中，汉文帝即位三年中就通过了一系列的重要决议。这些决议一部分是他自己发起的，一部分则由朝臣上谏，但每一次决议都是皇帝和重臣协商的结果，即使有时最终的决策与后者的建议相悖。这些决议都是为了改善被统治者的生活和稳定大体的政治形势。汉文帝废除了一系列严刑酷法，例如连坐与诽谤之法[18]。同时任命一个儿子为官方继承人[19]，还为自己正式选定皇后[20]。另外，他还削减了身边守卫的数量，并将皇室所养的马匹用于邮驿[21]。最后，他还恢复了古代耕耤礼[22]等等。

但是这些章节的叙述有陈规性的书写套路。几乎每一节都有文帝和谏臣之间的对话，但这些对话却又被高度概括[23]。参与的臣子常常不具姓名，谏议者更常见地被作为一个群体，以"有司"之类的通称代指。具体议事的地点也鲜被提及。显然，司马迁的重点并不是对具体戏剧化场景的生动描绘，而是对政治和道德领域的基本结构的表述。这一结构中处于最高点的是皇帝，他在不断地与群臣商讨时有绝对的威严，而最终自己慎重而冷静地为帝国和子民的利益做决定。

司马迁对行政手段以及政策制定流程的关注进一步体现在《史记》的第二、三部分。在第二部分"表"中，中国整个历史中的人物与事件都被同时化。就汉文帝统治时期而言，《惠景间侯者年表》

---

[18]　《史记》卷一〇《孝文本纪》。
[19]　同上。
[20]　同上。
[21]　同上。
[22]　同上。
[23]　例如《史记》卷一〇《孝文本纪》："十二月，上曰：'法者，治之正也，所以禁暴而率善人也。今犯法已论，而使毋罪之父母妻子同产坐之，及为收帑，朕甚不取。其议之。'有司皆曰：'民不能自治，故为法以禁之。相坐坐收，所以累其心，使重犯法，所从来远矣。如故便。'上曰：'朕闻法正则民悫，罪当则民从。且夫牧民而导之善者，吏也。其既不能导，又以不正之法罪之，是反害于民为暴者也。何以禁之？朕未见其便，其孰计之。'有司皆曰：'陛下加大惠，德甚盛，非臣等所及也。请奉诏书，除收帑诸相坐律令。'"

在记载其他事情以外，还以时间顺序罗列了对以邦国诸侯为主的官员的任命与罢黜[24]。《汉兴以来将相名臣年表》则也记下了文帝时期官员和将领的罢免与任用，有时也记录他们的死亡，此外还有法律的制定以及文帝统治时的一些异象[25]。第三部分"书"则主要针对政治活动的民政领域，对仪礼、历法、基础设施（陆路、水路）做了记录。当然，尽管常常非常简略，文帝时期的规划与发展也被提及[26]。

读者可能会产生疑问，即使仅在内政领域，所有事情是否都可以和《孝文本纪》中一样平顺而波澜不惊地进行。这自然不符实。《书》和《表》记录了发生在周围近臣以及皇室内部的大量事件及其进展。与《本纪》中文帝与群臣讨论决策的描写相比，这些事件的始末都不是风平浪静，人物的动机也并不总是没有私心。因此读者可以发现，在《本纪》中，司马迁的描绘构建了文帝统治的理想化图景，而在之后《史记》的其他部分，他则又给这一图景添上了现实性的笔触。

可是司马迁对帝国的外交事务又是如何描述的呢？文帝时期（当然不止是这一时期），外交的重点是与需要一再抗击的北方匈奴的关系。最主要的两处记录在《孝文本纪》和《匈奴列传》之中。无论是内容还是形式，司马迁笔下汉与匈奴的冲突都与塔西佗所描写的日耳曼远征有明显不同。

《孝文本纪》中，各个事件和经过都简短地以时间顺序展开。军事远征的经过也从来没有得到详细描写。取而代之的是对法令以及书信往来逐字逐句的反复记述。其中篇幅最长的官方文书出现在汉文帝十九年，该段首先简要综述了与匈奴关系的发展，并提及了

---

[24] 《史记》卷一九《惠景间侯者年表》。
[25] 《史记》卷二二《汉兴以来将相名臣年表》。
[26] 《史记》卷三〇《平准书》。

最新的和亲决定[27]。但是不久,我们就看到匈奴重新进犯。最后司马迁写道:

> 与匈奴和亲,匈奴背约入盗,然令边备守,不发兵深入,恶烦苦百姓。[28]

司马迁显然支持文帝的和亲绥靖政策。同时,提及文帝驾崩之前,司马迁总结了汉文帝作为统治者的贡献:

> 专务以德化民,是以海内殷富,兴于礼义。[29]

《匈奴列传》再次提及了汉与匈奴的交锋。该章及其他一系列的章节记录了帝国边境的各种少数民族群体,而其中最重要的则是匈奴,因此该章篇幅也是同类章节中最长的。

《匈奴列传》以历史调查的形式展开,司马迁从匈奴的神话起源开始,叙述他们多个世纪以来的历史,直到他自己的时代为止,描述的细节也随着时间的临近而越来越详细。对汉文帝时期的描写主要在全章中部,占据了大约四分之一的篇幅。而本章的特点在于,对事件细节的关注并没有改变简略记录军事事件的习惯。作者仍然保持着《本纪》部分就已明确的简洁风格。关于汉文帝第一次出征匈奴,司马迁写道:

> 其(汉文帝)三年五月,匈奴右贤王入居河南地,侵盗上郡葆塞蛮夷,杀略人民。于是孝文帝诏丞相灌婴发车

---

[27] 《史记》卷一〇《孝文本纪》。
[28] 同上。
[29] 同上。

> 骑八万五千，诣高奴，击右贤王。右贤王走出塞。文帝幸太原。是时济北王反，文帝归，罢丞相击胡之兵。[30]

这一冷静的记载与塔西佗笔下详尽而又戏剧化的战争描写的对比鲜明得无以复加，后者详实描绘战争的进程，包括其中的进攻、阻击、保卫等。

与《孝文本纪》相比，在《匈奴列传》中，获得更详细记录的主要是外交文书。该篇完整记下了汉文帝和两位单于之间的五封长信。在记述汉文帝"后二年"的和平方针时，司马迁引用了文帝主张和亲的书信，其中有一些内容使人颇为震惊：文帝谈到汉与匈奴为"邻国"，而文帝与单于也有义务为两国及人民和平生活尽力，没有什么值得离"兄弟之欢"[31]。单于表示支持这一合议。而在后文中，司马迁再次几乎一字不差地引用了文帝昭告天下的诏书。

值得注意的是司马迁花了如此长的篇幅讲述这一和议的提议，因为后文显示，这一和议的实际作用非常有限。之后单于逝世，汉文帝与其子重修和约。但一年后，匈奴就不顾和约再次进犯。但最终和议又一再打破的模式，却持续到了文帝死后的汉景帝时期。更令人惊奇的是，即便有种种冲突，司马迁还是用很大篇幅记叙汉与匈奴的外交文书往来。在他的心目中，对于帝国政治的理想模型在于和平的秩序，而不是暴力的征服。

当然，人们从以上《史记》选段中得出的印象也需要一定的

---

[30] 《史记》卷一一〇《匈奴列传》。
[31] 见《史记》卷一一〇《匈奴列传》："汉与匈奴邻国之敌，匈奴处北地，寒，杀气早降，故诏吏遗单于秫蘖金帛丝絮佗物岁有数。今天下大安，万民熙熙，朕与单于为之父母。朕追念前事，薄物细故，谋臣计失，皆不足以离兄弟之欢。朕闻天不颇覆，地不偏载。朕与单于皆捐往细故，俱蹈大道，堕坏前恶，以图长久，使两国之民若一家子。"

补充。在描写帝王无心与边境民族修好的时期时,司马迁对于战争的描写也并不保守。另外,一些将军列传也把具体军事行动当做叙述重点。但是总体而言,我们可以认为,司马迁对和平有很强的倾向性,而这一态度在他历史书写的兴趣点以及他对帝国政治的评价上都有所表现。

二、测试案例:李维与司马迁笔下的早期历史

现在我们还必须讨论,前文发现的不同点是只属于这两位史学家的个人选择,还是在本质上更具普适性,且体现了中国和罗马历史、政治思想的不同。要对这一问题有更多了解,我们需要阅读李维和司马迁笔下对早期罗马和中国历史的描写。对应的文本因以下原因而适合我们进行"控制变量"的比较。

首先,我们也能读到其他的作家。塔西佗之外,李维是我们所要讨论的罗马史学三巨头(第三位自然是撒路斯特)中的第二位。李维对早期罗马史的描述继承了传统,也赋予其新的形式。他的描写可能很快就成为权威,他的作品也可以被用来平衡塔西佗对早期罗马帝国的描述。而在中国,我们所谈的史家依旧是司马迁。但是与书写汉朝历史时不同,司马迁不再主要依赖自己的叙述。对早期的中国历史,这位历史学家紧紧追随了自己整理的前人论述,仅添加极少的改动。我们在此主要讨论《史记》的前两章。其中,司马迁引用了《尚书》及其他现已不存于世的古代文献[32]。因此,在早期中国史的论述中,我们能听到某种司马迁之外的声音。

此外,两者所述的时代距离作者都非常遥远,且富于传奇和神话色彩。这也表示,作者的构建特别重要——要书写远古历史,

---

[32] 对此诸多校本中均有提及,在此不做赘述。

我们必须创作历史——因此作者的政治观点也很可能凸显于这些段落之中。

下面，我们将更细致地比对李维《罗马史》第一卷及第二卷开头以及《史记》中《本纪》的前两三章。在此过程中，我们也会特别探讨前文用于比对塔西佗《编年史》第一卷及《孝文本纪》中的话题，即政体及政治活动内容。

1. 政治制度

与塔西佗和司马迁的比较一样，我们首先讨论对统治更迭的叙述。《史记》中，对权力交替的第一次详细描写在尧舜换代之际。关于尧帝的统治，五分之四的篇幅被用于叙述他寻找继任者的努力。首先，尧与大臣讨论这一问题，他随即因为自己儿子的性格问题而拒绝立其为继承者[33]。之后，他试用大臣推荐的共工，但也不满意。而在另一次会议中，大臣推荐了舜。这位年轻人因对自己父母及同父异母的弟弟守孝悌之义而著称。尧将自己的两个女儿嫁给舜以试其人品。而后者通过测试，获得了尧的信任，执行越来越重要的公共任务并最终受邀成为统治者。数年之后，尧去世，《史记》中记道：

> 尧崩，三年之丧毕，舜让辟丹朱于南河之南。诸侯朝觐者不之丹朱而之舜，狱讼者不之丹朱而之舜，讴歌者不讴歌丹朱而讴歌舜。舜曰"天也"，夫而后之中国践天子位焉，是为帝舜。[34]

和之前的三次交接一样，《史记》中对统治者交接的第一次详细描

---

[33] 见《史记》卷一《五帝本纪》"尧曰：'谁可顺此事？'放齐曰：'嗣子丹朱开明。'尧曰：'吁! 顽凶，不用。'尧又曰：'谁可者？'"

[34] 《史记》卷一《五帝本纪》。

写几乎没有提及政体的变化。政体并不是叙述的话题之一,它过去是,现在也仍然是君主制。司马迁叙述的重点是任何君主体制都必须面对的一个问题:选择合适的继承者。相比起嫡传,文中提及的解决方式也突出了荐举以及对潜在统治者考验这一方法所具备的优势。

在《罗马史》中,李维对罗慕路斯至努玛这第一次王权交接就已经进行来较为详细的记叙(第一卷第 17–18 章)。罗慕路斯神秘离世之后,元老之间产生了"就王权的不和与欲念(certamen regni ac cupido)"[35]。罗马与后来加入的萨宾裔元老之间存在利益冲突。因为元老们无法就王位继承人的人选达成一致,一个由元老介入、比较复杂的政治体制在此时形成。

> 如下,一百个元老(patres)通过在内部合作把自己分为十个"十人队"(decuria)解决了这个问题。在每个"十人队"里选出一人行使最高权力,十个人治理国家。(每次)只有一个人执掌特别权力并有随从保护(lictor)。(每人的)权力(有效期)限制为五天,且在所有人之间轮换[36]。这一过渡期持续了一年。因此这件事现在依然按照旧名被叫做"王权过渡期"(interregnum)。(ita rem inter se centum patres, decem decuriis factis singulisque in singulas decurias creatis qui summae rerum praessent consociant. decem imperitabant: unus cum insignibus imperii et lictoribus erat: quinque dierum spatio finiebatur imperium ac per omnes in orbem ibat, annuumque interuallum

---

[35] 李维:《罗马史》,1.17.1。
[36] 从文本中,我们并不知道这一轮换制度具体是如何操作的,但这样并不重要。重要的是,至少根据李维的记录,人们最后采用了制度化安排的方式来思考解决不同社会政治群体之间的利益纠纷。

regni fuit. Id ab re quod nunc quoque tenet nomen interregnum appellatum.）[37]

而不久之后，人民对这一现状表示不满并坚持他们有权选举一个新王。又一次，他们找到了解决不同利益集团冲突的运作机制。人民有权选王，但是未经元老院同意，选举结果无法生效。在这一机制建立之后，事实上大家只考虑和一致同意一个人选，那就是努玛。但是努玛本人却坚持要对选举进行占卜（augurium）。只有在上天同意的天象出现之后，他才登上王位[38]。

当比较中国和罗马史学对于早期历史的书写时，我们可以发现关于理想的王位继承者的描写，两者具有共同点。首先，登大位者并不渴求自己被选为王。其次，对他们来说，所拥有的权力不止要符合民意或是前任的意志，更要顺应天意。关键的不同在于，在《史记》中这一问题仅仅与继任者的道德品质和政治能力有关，而李维则强调权力交接不止取决于继任者是否合适。在努玛这个例子中，这一决定更与不同的政治参与者尤其是社会政治团体的利益纠葛有关。古代中国通过讨论和测试人选的道德和政治能力解决了这一问题。而在罗马，相同的困境则需要通过构建平衡各方政治利益的精巧的政体性机制来解决。

在两部早期历史中，史家对平时的决策过程又是如何描写的呢？有趣的是，在李维第一卷记叙的王政时期，即便国王无疑是最重要的决策者，但文中业已明确指出，罗慕路斯建立了"元老"制度以辅佐自己决策。[39] 而之后，他"经过与元老的商讨"（ex consilio partum），做出了第一项决议：派使者前往其他城市请求他

---

[37] 李维：《罗马史》，1.17.5-6。
[38] 同上书，1.18.6-10。
[39] 同上书，1.8.7。

们送女人给新建立的罗马的居民。[40] 与之对应，罗慕路斯的反面代表，倨傲者塔克文（Tarquinius Superbus）则被指责终止了"之前践行的一切皆需与元老讨论的习俗"（traditum a prioribus morem de omnibus senatum consulendi），治理国家时仅"与周围的近臣商讨"（domesticus consiliis），而"不问人民和元老的意见"（iniussu populi ac senatus）[41]。此外，即便在王政时期，政体秩序的发展也常常被提及，而最后这也导致了王政被推翻，取而代之的是共和制。

与此不同，在《五帝本纪》和《孝文本纪》中，只有皇帝和一些谏臣参与决策，而后者则由皇帝任命，是否与之讨论，讨论结果是否采纳均由皇帝乾纲独断。黄帝身为统治者不受限制，其他的参与者之所以参与，也仅仅是因为皇帝的个人任命。而正如皇帝的才能取决于知人善用的能力，他的臣子的才能则由他们的忠诚以及对任务的尽职程度决定。

无论是对李维、司马迁还是对我们来说，早期的神话历史都无从考证。因此这段历史也更是史学家自发构建的产物。而在李维和司马迁笔下，我们看到了和记录提比略、汉文帝统治时相同的政治观点。这也证明了在这两位作者以及同时代人的思想中，这些政治理念是如何根深蒂固。

2. 政治事件：国内与国外

就具体政治事件以及相关的评价而言，我们在李维《罗马史》的第一卷和《史记》的前几篇《本纪》中，也都可以发现与塔西佗的提比略以及《孝文本纪》《匈奴列传》大致相同的特点，因此我们也能在这些相距甚远的时代所允许的范围内进行比较。

---

[40]　李维：《罗马史》，1.9.2。
[41]　同上书，1.49.7。

首先，在《罗马史》的第一卷，如建筑工程、祭祀和宗教礼仪、经济问题以及公共安全等内政政策都被提及。而如前文所说，政体制度的发展也同样常常被讨论。但这并不包含李维探讨的所有问题。在他的作品中，核心的主题是罗马如何从台伯河畔的蕞尔小村发展为"世界的都城"（caput mundi），或更确切地说，如何成为世界的统治者。在一开始，这一主题就影响了对王政时期历史的描写。第一任国王罗慕路斯统治的核心事件是罗马因绑架萨宾妇女而与邻邦发生的军事冲突。故事的高潮是两军令人印象深刻的戏剧化的对战。[42] 第三位国王征服者图鲁斯（Tullus Hostilius）统治时期的标志事件，是对阿尔巴·隆加（Alba Longa）的征服。其中，李维最为详尽地描写了贺雷修斯和库利亚提乌斯两对三兄弟的决斗[43]以及阿尔巴·隆加独裁者梅修斯失信与受到惩罚的过程，包括对阿尔巴隆加的兼并[44]。这些描写都尤其让人印象深刻。第四位国王安库斯·马修斯治下最重要的事件是制定了由菲缇雅祭司（Fetiales）宣战的法律，这是罗马对外战争中最重要的宗教法律程序。同时李维还记载了罗马人依照此法律对拉丁人宣战的战争。[45] 即便是对最后一位"堕落"的国王倨傲者塔克文，成功的军事征服也被记载下来（第一卷第53-56章）。[46] 王政的终结也来自新生的共和国与伊特鲁里亚国王波森那（Porsenna）之间的对峙，后者支持被放逐的塔克文家族。[47] 其中，除了诸多事件之外，李维同时描写了贺拉修斯·寇克勒斯（Horatius Cocles）这位战争英雄典

---

[42] 李维：《罗马史》，1.12–13。
[43] 同上书，1.24–25。
[44] 同上书，1.27–29。
[45] 同上书，1.32–33。
[46] 同上书，1.53–56。
[47] 同上书，2.9–13。

范。[48] 这一切也呼应了这位史学家在前言中就已经特别提醒读者注意的：

> 他们的人生与行为方式如何，帝国又由哪些人以及在内政和对外战争时通过何种品质产生与扩张。（quae vita, qui mores fuerint, per quos viros quibusque artibus domi militaeque et partum et auctum imperium sit.）[49]

帝国的建立与扩张以及之前的情况（即美德），特别是罗马人的军事精神，显然是李维在《罗马史》中最看重的主题。与之对应的，李维用充足的篇幅描写了相应的活动，即罗马的战争。

与之相比，《史记》前几章主题的重点则大相径庭。从全书伊始，历史叙述的对象就是"天下"，即以某种对应上天的规则秩序而组织起来的帝国。这也表示帝国的历史以某种形式与上天的规则对应，因此"天下"历史的主题也不可能是与外部世界的军事冲突以及对外部世界的侵略与扩张。在此，历史叙述的主要兴趣点在于这一亘古的天下秩序如何一次又一次地得到保存和重建。

《史记》开篇就很典型，而行文也很简洁。在神农氏治下，地方政权互相争斗或欺压百姓，致使天下大乱，而神农氏也无法控制局面。因此轩辕重整秩序。[50] 这一贡献也使他最后践位"天子"。[51] 之后轩辕黄帝投身于内政、历法和宗教等诸多任务。他的努力最终带来了"万国和"的结果。[52]

---

[48] 李维：《罗马史》, 2.10。
[49] 李维：《罗马史》, 前言, 9。
[50] 见《史记》卷一《五帝本纪》："诸侯咸归轩辕。轩辕乃修德振兵。"
[51] 见《史记》卷一《五帝本纪》："而诸侯咸尊轩辕为天子，代神农氏，是为黄帝。天下有不顺者，黄帝从而征之，平者去之，披山通道，未尝宁居。"
[52] 见《史记》卷一《五帝本纪》。

相同的导向也得以体现于以下记述，特别是对尧舜以及夏朝建立者禹统治活动的详细记录。司马迁一再强调了禹对维持国家秩序的贡献以及对国家的良好治理，如合理征收赋税、整修运输道路以及修订历法等。

同样具有代表性的还有对详细记叙的事件的选择。在《五帝本纪》中，舜治下三分之二的篇幅用于记叙一个主要事件，即舜召集重臣讨论如何分工治理国家的问题[53]。而在《夏本纪》中，全文详细记叙的重点也禹统治时的重大活动，即整修道路、规划水路以及为了合理调节各地的赋税而对全国的巡游[54]。而这一系列描述之后记叙了一段舜、禹以及其他两位谋臣的讨论。其中他们彻底讨论了一个良好运营的国家的诸多要务以及统治者、谋臣和侍从为国家昌盛应具备的品质[55]。

因此，在《史记》最初几章中，对事件的细节描写主要集中于历史人物为了保证"天下"有一良好政府而做出的努力。而这些政府活动的结果也在文中被一再强调：

> 黄帝：万国和。
>
> 尧帝：合和万国。[56]
>
> 舜帝：内平外成。[57]
>
> 舜与禹：四海会同。[58]
>
> 舜与禹：天下于是太平治。[59]

---

[53] 见《史记》卷一《五帝本纪》。
[54] 见《史记》卷二《夏本纪》。
[55] 见《史记》卷二《夏本纪》。
[56] 见《史记》卷一《五帝本纪》。
[57] 见《史记》卷一《五帝本纪》。
[58] 见《史记》卷二《夏本纪》。
[59] 见《史记》卷二《夏本纪》。

三、总结与展望

简化为以上基本要素之后，我们可以对上述观察进行总结。贯穿全文的共有两个比较：第一处是塔西佗和司马迁笔下的帝国草创时期，第二处是李维和司马迁记叙的传说的上古时期。在这两处中，中国和罗马的历史书写尽管有惊人的相似性，却同时也有着非常本质的区别。而这也最可能展示了罗马和中国政治理念的基本不同。这些不同一方面在于政治体制，另一方面则在于政治活动的目标。

就司马迁的《史记》而言，我们讨论的任何一部分中，君主政体都被认为是最完美的一种，同时也是历史人物和史家心目中的唯一政体。因此，合适的决策方式是统治者在与大臣彻底商议之后，通过自己的政治才能做出决断。皇帝作为执政者的才能同样表现在任命适合的人选负责合适的帝国管理任务，相似的是，受命之人也通过认真执行并完成任务来证明自己的能力。权力交接时可能产生问题，而这些问题关乎继承人的正统性以及他的道德素质和政治才能，同时也都可以由参与者个人细心审慎地予以解决。

尽管李维讨论的是王治时代而塔西佗所述为早期帝国，但在我们讨论的诸章节中，两位史家描述的诸多政治事件和情况始终与共和政体的模式，即元老们商议当前的政治事件做出决策并建议执行官执行的模式最终相关。因此，在李维《罗马史》第一卷中，共和政体是罗马内政发展的方向。而在塔西佗《编年史》中记叙提比略统治时，共和政体则成为了他批判衡量时事以及对时事和人物做出消极评价的标准。

我们讨论的第二点是这些作品中关注的政治事件的内容以及相关的史学家的态度。在这里不同的着重点同样很明了。罗马史学家确实记述了内政，尽管他们更感兴趣的似乎是内部冲突和社会权力结构的发展改变,而不是帝国的日常事务。但同时,他们对外交尤其是对外战事的发展做了更详细的描写。持续的对外军事征服以及帝国的建立与扩张都被看作积极面而用于衡量相关的事件。因此在李维的记叙中,罗马早期历史上的"对外战争",即对周围城市常规的军事征服以及罗马实力的扩张,都带有积极的色彩。同样,塔西佗对提比略保守的对外政策所流露出来的情感也比较复杂。而对这位元首最终停止扩张的做法则予以否定。在《史记》中,记叙的兴趣点主要在内政,史家对政府的良好运行也极为关心。因此,对历史人物的评价也主要集中在内政实践上的成就。与此对应,即便是大规模的军事行动已经暗示了武力对抗时,司马迁也更强调双方的文书往来而不是军事冲突本身。因此,善政的目标最终并不表现为通过军事征服以及武力维持来创造一个帝国(imperium),而是通过审慎的治理来构建一个和谐的"天下"。

(石晨叶 译)

第六章　塔西佗和司马迁：个人经历与历史视角

我曾比较过塔西佗和司马迁这两位古代罗马与中国史学传统的杰出代表。我提出了可能的比较角度，并初步指出了一些异同。[1] 而在本文中，我想进一步推进这一研究，仔细观察两位作者的性格、史学方法以及两者之间的关系。

我思考的起始点在于，根据塔西佗和司马迁两人自己的描述，他们在政治生活上都有过相似的创伤性经历，并且该经历都属于很有可能对两人历史书写习惯造成影响的一类经历。因此在第一部分，我将叙述塔西佗和司马迁的人生经历，并用相同和不同点来揭示经历的特性。之后在第二和第三部分，我会从两种不同描写的角度，指出这些经历对两位史学家历史书写角度可能带来的影响。最后在第四部分，我会总结我的发现，并简要指出它们能给我们实际进行跨文化比较带来何种启迪。

一、塔西佗与司马迁的个人经历

塔西佗与司马迁的经历中可比较的核心在于，在他们生命的决定性岁月里，两人所处的君主政治都在逐步退变为暴力、专断的独裁政权，或至少在某些方面已经显露出了类似的趋势。塔西佗最大的敌人是弗拉维乌斯王朝的最后一位元首图密善。后者的统治时期基本覆盖了塔西佗前半生的政治生涯，即他的政治生涯中最重要

---

[1] 参见拙文《塔西佗与司马迁：一个初步的比较》。该文未收入本书，但是其中的部分心得被吸收入了第五章。

的岁月[2]。司马迁则面对了西汉最具强权的皇帝汉武帝。这位皇帝在位超过五十年,而他的统治也影响了司马迁作为成年人的整个人生[3]。塔西佗和司马迁经历的体验对他们都产生了最深刻的影响。

塔西佗在自己的第一部著作《阿格里科拉》(*Agricola*)中谈到了自己的这段经历[4]。该书写于图密善死后不久。在书的前言中,这位历史学家就谈到:在这一时期他和自己的同辈人"提供了屈服的极大例证"(dedimus...grande patientiae documentum),并见证了极端的"奴役"(servitus),正如之前的一代人见证了最大程度的"自由"(libertas)一样:

> 确实,我们提供了屈服的极大例证。正如老一代人见证了何为自由的极限一样,我们也见证了奴役的极致。因为窃听和告密甚至剥夺了我们彼此交流的权利。(dedimus profecto grande patientiae documentum; et sicut vetus aetas vidit quid ultimum in libertate esset, ita nos quid in servitute, adempto per inquisitiones etiam loquendi audiendique commercio.)[5]

很重要的是,我们需要注意,对"屈服"的"极大例证",塔西佗更多是负面而不是正面评价,而"libertas"与"servitus"也不仅指"自由"与"奴役",即客观的环境,更指人在环境中"坦诚"与"奴

---

[2] 图密善的统治从公元81年延续到96年。塔西佗在公元55年左右出生。在图密善治下,塔西佗完成了从财政官(quaestor)到执政官(consul,塔西佗约于公元97年任这一职位)的整套官阶(cursus honorum)的升迁。

[3] 汉武帝的统治时期为公元前141至前87年,司马迁则约生于公元前140年而死于前85年。

[4] 对序言的详细理解,参见鲍尔:《塔西佗著作中克服过去消极影响的挣扎》(O.Bauer, *Vergangenheitsbewältigung im Werk des Tacitus*),博士学位论文,Eichstätt大学,1999年。

[5] 塔西佗:《阿格里科拉》,2.3。

颜婢膝"的姿态,即主观的态度和因此而对相应事件所应当承担的责任。对于这一事实,他说道,他和同时代存活下来的人不止活过了那些因元首(princeps)[6]暴虐而死去的人,同时换句话说,也活过了他们自己。

> 在这十五年里,对于凡人来说很长的这段时间里,很多人因为随机的原因死去,而每个最有决心的人都因元首的暴虐而倒下,(我们这些)少数人,正如我所说,不仅比其他人活得长,同时也比我们自己活得长。(per quindecim annos, grande mortalis aevi spatium, multi fortuitis casibus, promptissimus quisque saevitia principis interciderunt, pauci et, ut ita dixerim, non modo aliorum, sed etiam nostri superstites sumus…)[7]

他所说的意思显然只能是,他和同济们的肉体生存了下来,但却是以失去他们的道德自我与自尊为代价的。

与之相比,司马迁的经历则更为凶险。在《史记》末尾的自传中,他简要谈到了这一经历。而在被他的继承者班固保留的《报任安书》中,司马迁则透露了更多细节。当汉武帝的将领李陵战败之后,司马迁因钦佩他而敢于在汉武帝面前为之辩护。他因此触怒汉武帝而被判死刑,之后被"赦免"为宫刑。与此种情况下他人通常选择自杀不同,司马迁接受了这一刑罚并活了下来,这给他带来了无以复加的屈辱。因此在《报任安书》中他写道,每每想到这件事,他所处的情形都让他愧疚难当:

---

[6] 罗马史一般以元首制(principate)和君主制(dominate)来区分戴克里先(Diocletian)前后的罗马帝国制度。因此本文将前一时期的罗马皇帝翻为"元首"而非笼统的"皇帝"。

[7] 塔西佗:《阿格里科拉》,3.2。

> 仆以口语遇遭此祸，重为乡党戮笑，以污辱先人，亦何面目复上父母之丘墓乎？虽累百世，垢弥甚耳！是以肠一日而九回，居则忽忽若有所亡，出则不知其所往。每念斯耻，汗未尝不发背沾衣也！[8]

读者至此显然可以看出，我们讨论的是明显有可比性的经历。其中的相似性在于，在这两个例子中，史学家在堕落王朝中生存的状况都带来了某种导致类似于丧失自我的体验过程。而在两人的经历中，苟活的决定都带来了愧疚与屈辱的感受。一个不同点在于这一事实：塔西佗对暴政无声的忍耐带来了他道德上的自我沦丧，而司马迁违抗武帝则导致宫刑的处罚，并使他丧失了自己社会性的自我。[9]

然而，两位史学家的经历不仅仅在传记意义上让人感兴趣。更重要的是，这些经历对于他们的史学著述也有重要影响。这一点首先体现在他们撰写历史著作这个事实本身。两位史学家书写历史都与苟活于愧疚和屈辱之中的现实有关。根据《阿格里科拉》前言，对于塔西佗而言，生存的意义本身似乎就或多或少自然暗含着书写历史的责任，即为了记录之前奴役的记忆以及见证现在自由快乐的现状。

> 但是，无论是书写过去奴役的回忆，或是当前盛世的见证，尽管语言粗鄙而未经雕琢，我们都不会觉得羞愧。(...non tamen pigebit vel incondita ac rudi voce memoriam prioris servitutis

---

[8] 《汉书》卷六二《司马迁传》。
[9] 因为愧疚与羞耻交织，这一不同并没有乍一看来得沉重。对塔西佗和他同时代生存下来的人来说，认识到道德上的不义带来了对自己和对彼此的羞耻感。而对司马迁而言，宫刑造成的羞耻带来了对父母以及家人的愧疚。这些人都因为自己儿子、丈夫以及父亲（司马迁）不堪的遭遇而蒙羞。

ac testimonium praesentium bonorum composuisse.）[10]

尽管文中没有明确提出，但是塔西佗的书写却暗示，意识到自己已经比他人甚至自己长寿这件事自然就会带来书写历史的决定。[11]

但司马迁的情况则稍有不同。正如《太史公自序》中写到的，在遭遇不幸之前，他已经继承父亲修史的事业七年[12]。而现在，如果要完成这一任务，他必须生存下去，并忍耐这一劫难与相应的屈辱。

> 亦欲以究天人之际，通古今之变，成一家之言。草创未就，会遭此祸，惜其不成，是以就极刑而无愠色。[13]

对他来说，生存下去是完成其历史著述的必要前提。

因此我们看到，对塔西佗和司马迁来说，写作历史的事实和他们在愧疚和耻辱中苟活的痛苦经历紧密相关。但是，除此之外，这一经历同样作用于他们书写的内容和导向之中。就塔西佗而言，这一更深层次的联系在《阿格里科拉》前言开头就可以看出来。这里的"奴役"（servitus）、"自由"（libertas）、"元首制"（principatus）以及"元首"（princeps）不仅与塔西佗本人过去以及当下的经历有关，同时也是他未来作品的话题。尽管塔西佗没有明确道出应当以何种形式呈现和强调这一主题，但从整体语境中我们不难看出，这一侧重将一方面影响到对元首（princeps）、另一方

---

[10] 塔西佗：《阿格里科拉》，III, 3。
[11] 参见鲍尔：《塔西佗著作中克服过去消极影响的挣扎》，第73—76页。
[12] 参见《史记》卷一三〇《太史公自序》："于是论次其文。七年而太史公遭李陵之祸，幽于缧绁。"
[13] 《汉书》卷六二《司马迁传》。

面影响对元老院的社会精英的描写。

但既然司马迁在"李陵事件"之前已经撰史达七年之久,他所面对的灾难对他作品的塑造作用不可能和塔西佗在图密善统治下的体验相同。另一方面,我们也可以发现,在《太史公自序》中,司马迁把自己的作品纳入了孔子修《春秋》的传统之中。在论述孔子成就的特点时,他同样指出了自己创作的源泉[14]。在谈及《春秋》时,司马迁说道:

> 孔子知言之不用,道之不行也,是非二百四十二年之中,以为天下仪表,贬天子,退诸侯,讨大夫,以达王事而已矣。[15]

我认为,这一背景加之以"李陵事件"都表明,司马迁的个人经历很有可能影响他特别是对历史人物的描写,这些描写的对象既包括君王,同时也包括其治下的二三线人物。

因此,就比较塔西佗与司马迁个人经历对历史书写的影响而言,对两种描述的比较可能会有所收获:其中一类为对帝王的描写,另一类则为对其他二三线人物的描写(而历史学家也将自己归入这一群体中)。

二、对统治者的描写

当然,如果保存至今,塔西佗对图密善和司马迁对汉武帝的描写将为我们提供很大的便利。这些章节对我们分析两位历史学家

---

[14] 在叙述了父亲如何在病榻要求自己完成他的历史书写事业之后,司马迁叙述了自己和朋友壶遂就《史记》以及孔子的《春秋》之间关系的讨论。在讨论中,司马迁反对壶遂将两部作品类比的想法,而在反对的理由中,他其实确认了两部作品的相似性:他指出,孔子"作"而自己仅仅是"述故事,整齐其世传"。而与之呼应,孔子自己也说自己"述而不作,信而好古,窃比于我老彭"。

[15] 《史记》卷一三〇《太史公自序》。

个人经历对其作品可能的影响将特别重要。但不幸的是，塔西佗对图密善的描写基本不存于世，而司马迁对汉武帝的描写也少之又少。因此，对此我们也显然无法继续探究。

不过对我们当前探讨的问题，研究两人对其他统治者的描写也可能有所裨益。在此我提议比较塔西佗《编年史》中的提比略与司马迁《史记》中的汉文帝，前者是奥古斯都的养子和继承人，而后者则是汉帝国建立者汉高帝的儿子、皇位的间接继承人[16]。

这两段描述非常适合比较分析。因为两者都描述了王朝的第二代统治者，而两个王朝都是在历经了几十年严重的战乱之后建立起来的。也就是说，塔西佗和司马迁的这两段描写都针对相似历史发展过程中相对应的阶段。但是两者也有更具体的相似之处。在这两个权力代际更迭的例子中，各自"主角"掌权的过程都并不是毫无问题，且涉及了对一个甚至多个对手的杀戮。之后，在中国和罗马，在皇帝的周围也都出现了紧张局面，这涉及宫廷内部的权力关系、尤其是皇位继承安排。此外，帝国的部分疆土也都受起义和暴乱影响，而其他部分则受与周边外族斗争的困扰（其中最危险的是"北方蛮族"，对中国和罗马来说分别是匈奴和日耳曼人）。但毋庸置疑的是，汉文帝和提比略的统治都代表了帝国巩固时期比较和平的阶段。行政体制也得以稳定。在中国，由中央控制的郡的数目相比起名义上领属的小国有所增加。在罗马，行省长官（此时已只

---

[16] 关于汉文帝统治的详细讨论，参见鲁惟一："西汉"（M. Loewe, "The Former Han Dynasty"，载杜希德和鲁惟一主编：《剑桥中国史》（D. Twitchett / M. Loewe [eds.], The Cambridge History of China）第 1 卷：《秦汉帝国，公元前 221—公元 220 年》（The Ch'in and Han Empires, 221B. C. – A. D. 220），剑桥，1986 年，第 136—152 页。关于提比略统治的详细情况，参见魏德曼："提比略的统治"（T. E. J. Wiedemann, "The Reign of Tiberius"），载鲍曼、查姆普林和林托特主编：《剑桥古代史》（A. K. Bowman, E. Champlin, A. Lintott, [eds.], The Cambridge Ancient History）第 10 卷第 2 版：《奥古斯都帝国：公元前 43—公元 69 年》（The Augustan Empire, 43B.C.– A.D. 69），剑桥，1996 年，第 209—221 页。

受领薪俸）的任期延长，而骑士和元老阶层新的政治生涯模式也成形。中央的权力斗争通常也能得到化解，尽管所需的精力以及相应的伤害迥异。社会和经济的情况普遍稳定，边境上与外敌的冲突也都得以成功解决或至少被控制。

但令人吃惊的是，对这些相似的情况，塔西佗和司马迁对提比略和汉文帝的描写却非常不同，对此我将简要描述。

在阅读《编年史》关于提比略的记载时，我们可以找到全书通常提及的一些历史事件的组成部分。首先，就帝国的日常运行，一些零散或连续的章节简要记录了帝国祭祀和宗教仪式的变化（1.54）、应对洪水的措施（1.76.79）、帝国财政的管理（1.78）、官员的任命与选举（1.80-81）等，在之后的各卷中，我们也很容易找到很多相关的例子。塔西佗对这些事件的表述很折中。这也不足为奇，因为塔西佗对这些事件并不是非常关心。

相比之下，他对罗马边境长官活动的描写则大为不同，包括对军事行动的描写。塔西佗对这类事件的积极态度，在《编年史》前两卷日耳曼尼库斯对日耳曼的远征中就可见一斑[17]。在此他费尽心思吸引读者，而其中缘由也不言自明[18]。他在描写这一类事件时看到了展示罗马人德性（virtus）的机会，而这一德性表现在军事领导以及士兵作战的勇武之中，展示这种德性对他来说无疑

---

[17] 关于塔西佗笔下的日耳曼尼库斯，参见佩林："塔西佗与日耳曼尼库斯"（Ch. Pelling, "Tacitus and Germanicus"），载露丝和伍德曼主编：《塔西佗与塔西佗传统》（T. J. Luce and A. J. Woodman, eds., *Tacitus and the Tacitean tradition*），普林斯顿大学出版社，1993年，第59—85页。

[18] 文中有一系列直接或间接的演讲，讲话者有如塞格瑟特斯（1.58），阿米尼乌斯（1.59），克齐纳（1.67），日耳曼尼库斯（2.14），阿米尼乌斯和其他日耳曼首领（2.15），阿米尼乌斯和哥哥弗拉乌斯（2.9）。对前者在条顿堡战役的描写因叙事场景之浓重而备受赞誉（1.61），而对实际战斗的描写则广阔而细致，且往往将目光投向一些个人，如日耳曼尼库斯（1.51.3, 21.2；2.17.2）、克齐纳（1.66.2）、阿米尼乌斯（2.17.4）。

是积极的。与此一致的是，他也就提比略对日耳曼人采取被动防御的政策表示不满。在他看来，提比略身居元首之位却不愿意扩展帝国，有悖于罗马人的传统。此外，就具体情况而言，塔西佗也暗示，提比略因为私人原因而将掌权的日耳曼尼库斯从日耳曼前线召回。也就是说，这一做法并不是出于任何战略考虑，而是因为他对这位杰出将领的嫉妒与怀疑（尽管后者是他的侄子、养子，同时也极有可能成为他的继承人）。

在上述例子中，我们已经开始谈到《编年史》前六卷对历史行为描写很重要的第三方面：即元首如何对待周围的人、皇室近亲以及皇廷内部和周围关系较近的元老精英。其中记述提比略的诸卷所留给读者的大体印象，这一叙述线索是最具决定意义的。提比略的行为始终具有猜忌与虚伪、残酷与阴谋的特点。因此，尽管在提比略对自己儿子的不信任与虚伪的问题上，塔西佗确实为元首辩护（4.10-11），但在谈及他对自己母亲的态度时，塔西佗在一开头就指出了提比略对她的憎恶与不安。而正如我们刚刚看到的，塔西佗将提比略对日耳曼尼库斯的行为归因于不信任与嫉妒和不安。更重要的是，他自身特别的性格从一开始就破坏和损伤了他与元老院的关系。而这一关系持续恶化的结果带来了元首对叛国罪的审判，对这些审判的描写也占据越来越多的篇幅[19]，这也为塔西佗展示自己心理描写的能力、无情地揭露参与者自私的动机提供了机会。第 6 卷中，塔西佗也通过描述提比略最隐私的行为即性行为上的癖好，对其性格进行了补充。最终，这位史学家在卷末做出了著名的总结：

> 他的品行同样也有不同的阶段：当他在奥古斯都治下时，

---

[19] 在第 6 卷中，对这种审判的描写占据了四组篇章：6.4-9, 18-19, 38-39, 47-48。

或是作为普通公民或是身居军政职位,他的生活与名声尚且高尚;当日耳曼尼库斯和德鲁苏斯尚在人世时,(提比略)则神秘不定且有伴装的美德之下的虚伪;在他母亲健在时,他的品行掺杂着恶与善。而只要他还青睐或是忌惮瑟亚努斯,尽管因残酷而备受厌恶,他始终隐藏着他的欲望。(但是)最后,在他的羞耻和恐惧都消失之后,他也只是遵循自己的天性,一头扎进了罪恶与不堪之中。(morum quoque tempora illi diversa: egregium vita famaque quoad privatus vel in imperiis sub Augusto fuit; occultum ac subdolum fingendis virtutibus donec Germanicus ac Drusus superfuere; idem inter bona malaque mixtus incolumi matre; intestabilis saevitia sed obtectis libidinibus dum Seianum dilexit timuitve: postremo in scelera simul ac dedecora prorupit postquam remoto pudore et metu suo tantum ingenio utebatur.) [20]

如果我们将这种评价与司马迁笔下的汉文帝做比较,其中的反差则非常惊人。在这一点上,重要的是,《史记》特有的纪传体体例[21]决定了相同的事件和人物可能在全书的不同部分被一再提及。而对汉文帝形象的塑造主要见于《孝文本纪》之中。有趣的是,有关他夺权时的血腥事件以及权力核心中的矛盾这些有所争议的问题都只见于其他章节中[22],而《孝文本纪》则仅仅着眼于文帝统治时期的正面事件。

特别的是,司马迁在本章中将叙事重点放在帝国的日常行政上。他也认为汉文帝在这一领域取得的成就,是证明其为帝王典范的决定性证据。因此在他笔下,汉文帝在自己统治的前三年里已经

---

[20] 塔西佗:《编年史》,6,51.3。
[21] 《史记》有本纪十二篇,表十篇,书八篇,世家三十篇,列传七十篇。
[22] 如在《吕太后本纪》以及《绛侯周勃世家》中的描写。

做出了一些重要的决策,尽管这些决策有些是汉文帝自己发起,而其他是大臣建议的,皇帝始终没有失去自己完全的主导地位。他废除了一系列的严刑酷法例如连坐和诽谤罪,选取一个儿子作为自己官方继承人,正式选娶皇后,减少禁卫军,将皇家马匹用于邮驿等。他还再一次引入了在宗庙具有象征意义的耕耤礼。通过这些以及其他措施,汉文帝希望改善民生并在大体上稳固大局。

尽管汉文帝明显对"北方蛮族"匈奴这一主要外敌采取绥靖安抚的政策,司马迁以同样肯定的态度,叙述了汉文帝处理外交事务的手段。相应的事件在《史记》中两度被提及。《孝文本纪》中的概述相对简要,而《匈奴列传》则对此做了比较详细的记载。很有趣的是,更多篇幅用于记录外交文书往来而非军事征服[23]。司马迁也通过自己肯定的阐释呼应了自己对汉文帝求和策略的强调,这取向一方面来自于皇帝对饱受兵役之苦的人民的负责态度[24],另一方面是由于在政治观念上,认为匈奴之类的北方蛮族必须被纳入超越国境更广阔的世界体系之中[25]。

最后,《孝文本纪》记录了汉文帝对自己周围人的行为,特别是他对帝国权势人物的模范态度。天子的形象在他与群臣讨论要务

---

[23] 在《孝文本纪》中,事件以及其发展都按照时间顺序相对简略地记录。军事远征的过程始终没有被详细记录过。而另一方面,一些军事和行政领域的命令却被一字不动地收录。在《匈奴列传》中,外交的细节更加详尽。但是对军事行动的描写依旧保持了简练的特点,只有对非军事领域的细节描写有所增加。因此,文帝治下,与匈奴第一次交锋被记录如下:"其(汉文帝)三年五月,匈奴右贤王入居河南地,侵盗上郡葆塞蛮夷,杀略人民。于是孝文帝诏丞相灌婴发车骑八万五千,诣高奴,击右贤王。右贤王走出塞。文帝幸太原。是时济北王反,文帝归,罢丞相击胡之兵。"(《史记》卷一一〇《匈奴列传》)这与塔西佗对进军、奇袭、包围以及战斗广阔而富于戏剧性的描写之反差不可谓不大。与《孝文本纪》相比,《匈奴列传》主要就外交文书提供了更多细节,司马迁将文帝的两封以及单于的一封长信全篇引入。

[24] 《史记》卷一一〇《孝文本纪》:"与匈奴和亲,匈奴背约入盗,然令边备守,不发兵深入,恶烦苦百姓。"

[25] 在一封书信中,汉文帝谈到汉与匈奴为"邻国",而文帝与单于也有义务为两国及人民和平生活尽力,没有什么值得离"兄弟之欢"(《史记》卷一一〇《匈奴列传》)。

并在认真考虑各方意见后作出决策、付诸实施的行为中得到一再描述。同时，决策的过程也是在按君主制组成的国家之中可以预料到的典型做法，对司马迁来说，汉文帝的做法堪称典范。另外，就下属的过失或行为不当，不管是对大臣还是对不忠的地方封王，汉文帝也往往非常宽容。同样在这些实践中，他求和的态度也使得事件得到顺利解决[26]。

《孝文本纪》结尾，作者顺应之前的记述，给出了由衷的赞扬：

> 太史公曰：孔子言"必世然后仁。善人之治国百年，亦可以胜残去杀"。诚哉是言！汉兴，至孝文四十有余载，德至盛也。[27]

现在，有趣的问题在于，为什么尽管提比略和汉文帝统治时期在主要方面有很多相似之处，而塔西佗和司马迁对他们的描写和评价却如此截然不同？这一不同有可能是由于我们读到的内容其实反映了历史事件本身的不同，而对于这后一种不同则可以通过彻底的调查发现。但这显然不是全部理由，此处我们需要回到塔西佗与司马迁在图密善和汉武帝统治下的经历以及本文最初的出发点。但是，因为两人的经历非常相似，其他因素肯定也造成了如此不同的结果。而这一因素即是两人基本的政治观点。也就是说，塔西佗在图密善和司马迁在汉武帝治下的相似经历，因为遇到不同的政治理念以及信仰而最终带来了不同的结果。[28]

---

[26] 《史记》卷一〇《孝文本纪》："群臣如袁盎等称说虽切，常假借用之。群臣如张武等受赂遗金钱，觉，上乃发御府金钱赐之，以愧其心，弗下吏。专务以德化民，是以海内殷富，兴于礼义。"

[27] 《史记》卷一〇《孝文本纪》。

[28] 相关的讨论参见拙文：《塔西佗和司马迁：一个初步的比较》（"Tacitus und Sima Qian. Eine Annäherung"），载《语文学家》（*Philologus*）150，2006 年，第 115—135 页，尤其见第 119—123 页。

尽管元首制在罗马已推行了一百年，塔西佗的政治理念依旧保有共和制信仰的特点，尽管这一观念在一些细节上无疑发生了改变。在这种思考模式下，无论元首政体是否被认为是历史的必然，都始终被视作歧路。在图密善暴政下的经历也适用于证明这一偏见：对和塔西佗一样思考的人来说，在元首政体下，政治生活中道德的下降显然是丧失"自由的共和国"（libera res publica）之后必然的结果。因此不出意料，在塔西佗笔下，奥古斯都这一"元首"帝制建立人的形象就已经具有负面色彩。而提比略这位能力稍逊于奥古斯都的继承者，则被塑造成图密善的某种雏形。

与塔西佗不同，对司马迁而言，无论是对帝国还是地方封国，君主政体不止是唯一存在，也是唯一可想象的政体。因此，如果汉武帝的统治成为了无情的专制，司马迁必须把这一情况归咎于统治者个人的失误和性格瑕疵。如果其他皇帝能免于专断独裁的趋向，或者甚至因为一心为帝国和臣民的福祉而被奉为典范，司马迁将进一步确信这种解释方法。因此，司马迁似乎把汉文帝的统治视作范例，而借此将这位汉朝缔造者之子塑造为"反武帝"的一种统治，由此他也为之后自己尽可能否定汉武帝的描述准备了某种对比。[29]

总而言之，我们可以说，就对统治者个人的描写而言，塔西佗与司马迁的个人经历都对他们的史学角度有所影响，而不同看法不止与个人经历、也与各自核心的政治理念相关。

三、对二三线人物的描写

现在我们将讨论第二个研究对象，即塔西佗和司马迁对皇帝

---

[29] 司马迁很可能从某种程度上理想化了汉文帝的统治。对此参见杜兰特提到的中国史学家关于汉文帝统治时期的不同记述和评价。见杜兰特：《模糊的镜子：司马迁著述的矛盾与冲突》（S. W. Durrant, *The Cloudy Mirror. Tension and Conflict in the Writings of Sima Qian*），纽约州立大学出版社，1995年，第5页。

以外二线和三线人物的描写。在塔西佗笔下，这些人首先是元老院成员，即他自己所属的社会政治集团。这些人名义上仍在帝国行政的体系内并且需要参与决策，而这也使得他们不断纠结于如何处理自己与统治者的关系。塔西佗对这些人行为是如何描写的呢？对于塔西佗而言，关键的问题是在元首制这一不同环境下，元老们如何同时又能从多大程度上践行传统的行为标准，并有多大可能实现传统元老阶层的德行（virtus）。

最好的选择是管理行省，这可以远离罗马，并且不仅有机会证明自己是一个有效率的行政奴仆，同时可以建勋军事。因此，仍然有能人能够成功践行传统的做法。但是问题在于，过于成功的行省治理隐藏着招致元首妒忌的危险。撒路斯特就已经说过，"对国王来说，好人比坏人更值得怀疑，并且他人良好的品德都会让他们（国王）恐惧"（regibus boni quam mali suspectiores sunt semperque iis aliena virtus formidulosa est）（《喀提林阴谋》7.2）。这也呼应了塔西佗所观察并总结的规律：元首对美德都心存敌意（infensus virtutibus princeps）（《阿格里科拉》41.1）。但是，在首都罗马的政治活动，即日常与元首的接触则更不确定且着实具有危险。在这一环境下，绝大多数的元老们做事都并不是为了帝国的良好运行或是遵循广义的道德准则，相反，是出于自己的贪婪或恐惧，以至于一些人堕落至无耻的奉承和其他恶意行为，而大多数人则懦弱地保持沉默。这即是如塔西佗这样经历过图密善统治的幸存者也必须面对的令人沮丧的事实。[30]

现在我们应该已经没有疑问，正是塔西佗的个人经历在很大程度上决定了他的主题定位以及对二三线人物的评价角度。在这一情境中，区分事情的客观面和主观面似乎是有益的。客观的一面关乎政治人物和行动者的行为本身，而主观的一面则关乎这种行为和

---

[30] 参见鲍尔，第40—49页。

历史学家本人的行为的关系。

就客观性而言，塔西佗在他的第一部作品即给自己岳父阿格里科拉撰写的简短传记中，就已经说明了他史学叙述的策略，也以此来回应他在图密善之下的所见所闻。塔西佗意识到，在这位元首的统治下，行政和军事的德行只有很小的展示机会，并且常常面临统治者的嫉妒而非认可。而塔西佗的反应也是为了保证这些德行至少在以后获得应有承认。因此，在《阿格里科拉传》中，他努力确保自己的岳父被公众承认和认可为不列颠征服事业的完成者。但是在塔西佗眼里，这一部小小的传记只是他未来更长篇的历史作品的一个小练笔。在这些作品中，他采用了相同的方式。不同的是，塔西佗在对国家（res publica）宏观历史的书写中加入了对个人及其行为的描写。仅就阿格里科拉而言，因为《历史》中相关的部分没有流传下来，我们无法验证这一猜想。但是，在他对一些人的政治和军事成就的描写方式中，我们可以发现塔西佗历史书写的基本目标之一，是独立于他人意见而对人物和行为做出公道的评价，这在对包括格涅乌斯·图弥提乌斯·科布罗[31]、在北非对抗塔克法利纳斯的一系列长官的描写[32]、甚至是对如皮特洛尼乌斯[33]这样人物的简短评价中就可见一斑。

相同的情况也显示在他对罗马元老精英行为的描写中。对于元老院内部讨论这一特殊的行为，塔西佗甚至特地说明了这一目的：

---

[31] 见塔西佗：《历史》，11.18-20；13.8-9，34-41；14.23-26；15.3-6，8-13，16-17，25-31。

[32] 傅利乌斯·卡米卢斯，见《历史》，2.52；卢修斯·阿布罗尼乌斯，见《历史》，3.19-21；尤尼乌斯·布雷苏斯，见《历史》，3.72-74；普布利乌斯·科尔内利乌斯·多拉贝拉，见《历史》，4.23-26。在第四卷第26章第1节中，塔西佗细致描写了提比略根据自己和公众的决议拒绝授予多拉贝凯旋的荣誉。

[33] 塔西佗：《历史》，16.18.2。

> 我决定不记下元老院的所有决议，除非它们以高尚著称或臭名昭著。因为我认为编年史的首要任务，是不让美德沉寂并且保证让有恶劣言行的人因可能在后世不堪而感到恐惧。（exsequi sententias haud institui nisi insignes per honestum aut notabili dedecore, quod praecipuum munus annalium reor, ne virtutes sileantur utque pravis dictis factisque ex posteritate et infamia metus sit.）[34]

尽管不是唯一的目的，但塔西佗认为传达给读者对人物及其行为的公正评价以及相应的道德标准是非常重要的。不断揭露道德上有问题的行为以及展示少数道德正确的行为[35]都引向了这一目的。

但以上都很有可能带有主观的色彩。因此，读塔西佗时，读者不禁怀疑，塔西佗不断营造揭露元老们有道德问题的行为的精细描写，至少在某一角度，或可能他本人并没意识，是为了让自己的行为更能让人接受。这一理解尤其体现在一些章节，例如在《阿格里科拉传》的著名句子中。塔西佗就不无恶意地用"炫耀性死亡"（ambitiosa mors）来描述他对那些"只采取冷酷而对国家丝毫无益的方式通过炫耀性的死亡来出名"（per abrupta sed in nullum rei publicae usum ambitiosa morte inclaruerunt）[36]的人的保留态度。但值得注意的是，少数被塔西佗正面评价的人都属于那些有节制的人。因此，最明确的赞扬主要针对一个好几次都阻止最恶劣的事情发生但又保全了元首的青睐、最后得以善终的人。我指的即是我们

---

[34] 塔西佗：《编年史》，3.65.1。

[35] 其中最著名的有克雷穆修斯·寇都斯，见《编年史》，4.34；小塞涅卡，见《编年史》，15.60–65；皮特洛尼乌斯，见《编年史》，16.18；特雷瑟亚·佩图斯的自杀，见《编年史》，16.24。此外，受到积极评价的还有一些更低阶层的人物，比如释奴爱芘卡利斯，见《编年史》，15.47 以及保民官苏布里乌斯·弗拉乌斯，见《编年史》，15.67。

[36] 塔西佗：《阿格里科拉传》，42.4。

在《编年史》第 4 卷读到的马库斯·埃米利乌斯·雷比杜。

> 在这一时期，我了解到，这位雷比杜是可敬且有智慧的人物。因为他把很多其他人极度阿谀而导致的事件导向稍好（的结果）。但是他也不乏审慎，因为在提比略面前他始终有着不变的威信并受到青睐。由此我也生疑：和其他的事情一样，元首对这些人友善而对那些人不满的原因究竟是因为命运或是与生俱来的偶然，还是我们自己的决定也有一定的作用，并且在绝对的固执与扭曲的屈服之间，我们可以走一条既无野心也无危险的道路。（hunc ego Lepidum temporibus illis gravem et sapientem virum fuisse comperior: nam pleraque ab saevis adulationibus aliorum in melius flexit. neque tamen temperamenti egebat, cum aequabili auctoritate et gratia apud Tiberium viguerit. unde dubitare cogor, fato et sorte nascendi, ut cetera, ita principum inclinatio in hos, offensio in illos, an sit aliquid in nostris consiliis liceatque inter abruptam contumaciam et deforme obsequium pergere iter ambitione ac periculis vacuum.）[37]

我们也很难不认为，与其他的地方一样，塔西佗同时也在谈论自己的经历。

司马迁的情况又是如何？让我们简要回顾一下事情的起源。司马迁的悲剧始于名将李陵，后者因战败降敌而失去皇帝信任，全家将遭到责罚，司马迁为他感到不值。这时，他也第一次经历到，在自己岗位上的突出表现不仅可能不受到皇帝的认同，甚至可能遭到专断的处罚。在这一情况下，司马迁决定不以史学家，而

---

[37] 塔西佗：《编年史》，4.20.2—3。

是以政治参与者的身份出面为李陵辩护。这一尝试也使他自己遭难，身陷囹圄，被判死刑，之后被赎为宫刑。他的第二段经历造成了他社会自我以及自身荣辱的崩塌，其影响也因他做出苟活而非自杀的决定而被延长。

司马迁又是如何面对和处理这些经历的呢？对这种"历史的不公"的经历，现在司马迁不是从一个政治行为者的角度进行回应，而是采用塔西佗同样的做法，从一个史学家的角度，通过"历史书写的正义"予以回应。在《史记》的人物传记中，一项重要内容是就官员和将领对帝国或是某一郡国的贡献做出公正评价，尤其是如果这些贡献在当时并没有受到上级的肯定。当然并非偶然的是，让人印象深刻的一例是李广，司马迁为之辩护的李陵之祖父。李广在文帝、景帝、武帝三朝担任诸多军事职位，而他最有名的功绩是领兵抗击匈奴。他因自己的战略部署、领导能力以及个人的勇武而著称，但他同时也遭受过失败（尽管司马迁认为并非他的过错）。在军事生涯的末尾，李广与皇帝派来管理的官员发生争执。在远征的最后一场战争胜利之后，李广因没能擒获敌军首领而被质询。耻于被小官责问，李广最终自杀。[38] 在对他人生终点的描写中，司马迁的评价充满了敬意：

> 太史公曰：传曰"其身正，不令而行；其身不正，虽令不从"。其李将军之谓也？余睹李将军悛悛如鄙人，口不能道辞。及死之日，天下知与不知，皆为尽哀。彼其忠实心诚信於士大夫也？谚曰"桃李不言，下自成蹊"。此言虽小，可以

---

[38] 《史记》卷一〇九《李将军列传》："至莫府，广谓其麾下曰：'广结发与匈奴大小七十馀战，今幸从大将军出接单于兵，而大将军又徙广部行回远，而又迷失道，岂非天哉！且广年六十余矣，终不能复对刀笔之吏。'遂引刀自刭。广军士大夫一军皆哭。百姓闻之，知与不知，无老壮皆为垂涕。"

谕大也。[39]

《史记》中也不乏其他类似的例子。此外，司马迁对一些事件的评价同样是中立的或是否定的。对于有些人，尽管他们生前颇有影响和权势，司马迁却拒绝为其立传[40]。在这些情况下，司马迁出于自己的史官职位以及传统道德观念的影响，作出确切的评价。正如前文所说，对于"历史的不公"，司马迁用"史学的正义"来加以对抗。这也完全可以与塔西佗的策略比照。不同的是，塔西佗长篇的作品中，人物个人的命运附属于国家（res publica）的宏观历史之下，而在司马迁的《史记》中，各个人物的故事都被作为独立章节（或其中的一部分）记录，因此也获得了自身的独立价值，也就是说，作为历史中自成一体的一部分。

假若思考司马迁是如何应对和克服自己第二段耻辱的经历即社会自我的丧失时，我们也会很清楚看到这一选择并非与他本人无关。我们已经简要提及了他的反应：对于为何忍辱偷生，他回答道因为自己尚未完成从父亲处接手的历史写作任务。但这一原因又能在何种意义上为他丧失的自我苟活正名？弱化或仅仅中和这一问题？要回答这个问题，我们需要再一次看司马迁在《史记》末尾自传性质的《太史公自序》以及《报任安书》。在此我仅会谈及后者。

在信的后文中，司马迁详细记述了李陵事件的发展，尤其是他自己的干预以及后果。他明确问道[41]：

---

[39] 《史记》卷一〇九《李将军列传》。

[40] 其中最著名的是在秦朝末期推行暴虐政治的宦官赵高。司马迁并没有就他的历史重要性给他单独列传。正如华兹生所说，"如果对于善行的奖励是让其永垂青史，那么对恶性的报复则是湮没无闻。尽管赵高出现在《史记》的部分篇章中，但是从正式以及象征意义来说，他被贬入了这种湮没之中。"参见华兹生：《司马迁：中国伟大的历史学家》，第128—129页。

[41] 《汉书》卷六二《司马迁传》。

>何至自沉溺缧绁之辱哉!且夫臧获婢妾,犹能引决,况若仆之不得已乎?

他的回答非常详尽,而在其中他向读者展示了自己希望通过一种精神上的遗产与继承来使自己的行为得到理解。[42] 这一切从这一思考开始:

>恨私心有所不尽,鄙没世,而文采不表于后也。[43]

他又加之以自己的观察:

>古者富贵而名摩灭,不可胜记,唯倜傥非常之人称焉。[44]

之后,我们最终看到了前文所提的"遗产"。司马迁列举了《周易》至韩非子《说难》《孤愤》等九部作品,他认为这些经典都是在作者沮丧绝望时所作[45]:

>此人皆意有所郁结,不得通其道,故述往事、思来者[46]。

不久,司马迁又提到:

---

[42] 在《太史公自序》中,我们也可以发现这种"精神"的遗产被添加在"实在"的凝结作者心血的史学遗产之外。

[43] 《史记》卷一三〇《太史公自序》。

[44] 《汉书》卷六二《司马迁传》。

[45] 《汉书》卷六二《司马迁传》。

[46] 同样的表达也见于《太史公自序》,《史记》卷一三〇《太史公自序》。

> 退论书策，以舒其愤，思垂空文以自见。仆窃不逊，近自托于无能之辞，网罗天下放失旧闻，考之行事，稽其成败兴坏之理……[47]

顺着这一思路，我们的问题也得到了解答：司马迁忍辱偷生，是因为他希望通过完成自己的历史作品，表达自己的个性，让后世知晓自己的为人。在这一过程中，司马迁也似乎看到了对自己失去的自我的某种重塑。

但这并不是全部。此外，这里与全书最后一部分的列传章节中特别的导向的联系也得以揭示出来。在《自序》的末尾，司马迁明确了《史记》不同部分各自的目的。就"列传"部分，他写道：

> 扶义俶傥，不令己失时，立功名于天下，作七十列传。[48]

具有标志性的是，"俶傥"与"立功名于天下"与之前的"倜傥"和"自见"类似，这些司马迁着重作传以及效仿的人物，也都取得了作者自己忍辱所希求取得的成果：他们以出众的才能向天下展示自己，使自己青史留名。

令人惊讶的是，司马迁在人物需要取得何种具体功绩而在《史记》中有一席之地的标准上有着很大的开放性。这也最清楚地揭示了这位史学家个人经历对他主题选择的影响。自然，书中有李广这一类以为国家做出杰出贡献而显名的人物，无论这些成就是否得到皇帝的肯定。但是另外，有卓越才能和远大抱负却没能有机会介入地方或帝国政治核心的人物，同样也得到了司马迁的认可，例如

---

[47] 《汉书》卷六二《太史司马迁传》。
[48] 《史记》卷一三〇《太史公自序》。

诗人屈原，或是同为诗人且身兼散文家与学者的贾谊。对于这两位人物，司马迁明显有着某种共鸣。[49] 最后，"列传"中还囊括了截然不同的人物，如刺客、游侠、滑稽者及巨贾[50]。这些人都与司马迁这样的学术官僚没什么共同之处。总体而言，我们可以感觉到，这些人让司马迁感兴趣的原因，并不是因为某种固定的或者物质上限定的人生目标，而是因为他们敢于以某些目标为导向规划人生，并且相当执着地投入追求这些目标这一事实本身。正如李惠仪所说："司马迁关注的并不是权力、世俗的称赞或是身体的健康，而是意志上的坚守以及放弃。……恰恰是因为意志无法归于现成的伦理范畴，它显然可以体现在对立的行为模式中，既体现在进取中，也体现在退避中；既体现在在对自身利益的敏锐关注中，也体现在对自身利益的全然忘却之中。"[51]

儒家学说在此时刚刚被立为官方的道德正统，要验证司马迁是否真的叛离了儒家伦理思想，我们只要看他的"继承者"班固对他作品的评价即可。后者在《史记》成书将近一个半世纪之后，写下了中国历史上第一部以整个朝代为对象的史书《汉书》。该书体例与《史记》相同，即将全书分为几个部分，而最后也有人物传记。在《司马迁传》中，班固赞扬了司马迁对史料广泛的研究以及史书视角之广，同时他还引述了其他人对司马迁作品的称赞。但是，班固显然在道德思想上无法认同自己的前人。一方面，他反对司马迁在基本道德问题上自称悖离孔孟之道而趋向道家思想的做

---

[49] 在《屈原贾生列传》中，司马迁将两人并入一传，并且对其做出了充满感情并深表理解的评论。

[50] 《史记》卷八十六《刺客列传》，卷一百二十四《游侠列传》，卷一百二十六《滑稽列传》，卷一百二十九《货殖列传》。

[51] 李惠仪：《〈史记〉中权威的观念》（W. -Y. Li, "The Idea of Authority in the *Shi chi* (Records of the Historian)"），载《哈佛亚洲研究杂志》（*Harvard Journal of Asiatic Studies*）4（1994年），第345—405页，尤见第368—369页。

法。另一方面，对于我们目前分析更为重要的是，司马迁似乎对于那些不以非儒家原则来制定人生目标的人表示同情。对此，班固非常不满：

> 又，其是非颇缪于圣人，论大道而先黄老而后六经，序游侠则退处士而进奸雄，述货殖则崇势利而羞贱贫，此其所蔽也。[52]

在他自己的作品中，班固示范了如何就历史人物和事件做出意识形态上正确的判断。一方面，他在人物传记部分对人物做出评价。而他对历史人物最显著最集中的评价则在《古今人表》中。在此，他对超过2000个历史人物做了道德评价，并把他们以上上、上中、上下、中上、中中、中下、下上、下中、下下九等。[53]个人对生活的定向以及主观上实现的意志在这一评价体系中不起到任何作用。取而代之的是史学家自己作为儒家学者的道德体系。班固仅仅以他作为儒家学者而获得的史学道德标准来评价人物是上等的圣人或是下下等的"愚人"。

很明显，与班固《汉书》固执的"儒家标准"相比，司马迁关于历史人物传记的观念都将固有的道德标准——无论是班固的儒家伦理还是塔西佗修正过的却依然传统的共和国美德——抛之脑后。对于这一观念，认为其与司马迁的人生经历有关的假设并不是没有可能。

---

[52] 《汉书》卷六二《司马迁传》。

[53] 对这一"终极评判"，温格尔有他有趣的解读。参见温格尔：《儒家的终极评判》（U. Unger, "Das konfuzianische Weltgericht,"），载《明斯特大学促进协会1969年年刊》（*Jahresschrift 1969der Gesellschaft zur Förderung der Westfälischen Wilhelms-Universität zu Münster*），1969年，第64—77页。

四、总结与展望

最后，我想要总结我们以上的讨论。首先，塔西佗与司马迁有一定的相似性。两人都卷入当时的政治事件中，在独裁君主的统治下有过足以影响他们个人且左右他们历史观点的负面经历。十分明显，在此我们可以看到一种延伸到人类学意义上的跨文化的心理机制。

在这一相似的基础上，几点不同也显而易见。首先，对于帝国开创者的继承人，即提比略和汉文帝，两位史学家的描写大不一样。尽管两人的统治非常相似，但提比略受到的评价无疑是负面的，而汉文帝则无疑是正面的。如上文所解释的，这一不同是塔西佗和司马迁在图密善和汉武帝这样的专制统治者治下的伤痛经历、以及两人不同的核心政治观点和信仰交织的产物：保有共和国信仰的塔西佗认为，图密善统治时期政治的堕落是共和制转向独裁帝制的自然结果。他在记述提比略的统治时期时就已经感受到了这一趋势。因此，他也将提比略理解和塑造为某种"图密善的雏形"，在他统治时，这一变化所带来的问题已经显现。对于司马迁而言，君主政体是唯一自然的政体，所以，对他来说，汉武帝统治时的消极影响是皇帝个人失误及其失职所致。因此，他也将文帝温和的统治与汉武帝暴力的专政作对比，将前者塑造为某种"反武帝"的形象。这一不同也与我们以往对东西方政治观念的理解相符。

对帝国二三线人物的分析则首先揭示了另一个跨文化的类似点。总体而言，就历史人物以及他们的行为来说，两位史学家都想要为后人提供有根据的道德评价，同时以此设定某种道德标准。另外，鉴于行为和结果并不常常一致，他们也致力于以"史学的正义"应对"历史的不公"。最后，对于两位史学家而言，完成书写历史任务本身也是为了给自己在罪恶和耻辱中苟活而正名。

但是对于"正名"的需求似乎对两人的史学书写行为有更为深入的影响。而这也揭示了另一种不同。对于塔西佗而言，这一有意无意的自我正名与对人物的描写的关系，最具体地体现在他对大多数历史人物、尤其是元老们卑鄙动机的熟练揭露中。而他也反复强调，中庸的处事方式，即在保持一定的道德标准的同时保证自己生存的方式，是在如图密善这样的元首手下最好的行为方式。而这一含蓄的评价方式，即便已有所修正，仍然属于传统的罗马贵族美德。对于司马迁而言，让人吃惊的是，无论是在对人物的表述还是在自我辩解中，这位史学家对不同的个人都有兴趣。评价人物及其生平时，司马迁真正感兴趣的标准是他们为人生制定目标而努力实现的勇气，成败本身却成为了次要的标准。他的继承者班固所采取的评判标准以及不同的评判行为表明，司马迁的标准显然有悖于当时刚刚被广泛接受的儒家道德标准。毋庸置疑，司马迁丧失道德自我的经历以及希望通过完成这部作品克服这一损失的心愿，在这一选择的背景之中显现出来。

以上的一些发现似乎对于跨文化比较总体而言也有重要的借鉴意义。因此，我们的研究也明确，有志于跨文化比较的研究者必须避免仅通过绝对的对立来搜寻可比较的内容。与之相反，他们需要假设跨文化的不同点主要表现在不同的文化模式以及对同时存在于两种文化中的要素的不同强调。有时，我们也需要认识到，这些文化模式以及其中强调的不同要素可能与我们预设的情况完全不同。

（石晨叶　译）

第七章 古代中国与罗马史学中行为与后果的联系

"行为"(Tun)与"后果"(Ergehen)的关系[1],也就是行为对于人生的祸福能产生何种后果,是人类生活的一个根本问题。这一问题激发了很多思考,这些思考见于宗教、哲学和文学文本中。本文简要探讨古代中国和罗马这两种史学传统中与此问题相关的讨论。文章分成两部分。我先讨论人们如何看待历史的基本进程,特别是王朝与帝国的兴衰。然后,我要分析两种史学在个人的层面是如何看待这一问题的。

一

《尚书·召诰》中,周公曾说:

> 我不可不监于有夏,亦不可不监于有殷。我不敢知曰,有夏服天命,惟有历年。我不敢知曰,不其延;惟不敬厥德,乃早坠厥命。[2]

周公随后继续用相同的词句描写商朝的覆灭。这一段之所以重要,在于它给出了著名的"天命论"的早期表述。根据这一

---

[1] Tun-Ergegens-Zusammenhang 一语,是20世纪50年代德国旧约研究发明的术语(可对照"学术圣经术语网络版",www.wibilx.de,"Tun-Ergehens-Zusammenhang"词条)英文的对应词,这里在广泛意义上使用。

[2] 《书经·召诰》,着重号是作者所加。《召诰》是著名的周公在周朝推翻殷商王朝之后,对殷商人民的讲辞。这里我先不讨论《尚书》的作者和流传问题,仅将这一段当作中国历史思考和历史书写的一篇早期文献。无论如何,这一段的确可以归入此类。

理论，一朝之所以有统治的资格，正在于其"德"。如果背德，则上天收回天命，将其交予有德的一朝。在这一段中，天命由夏转移到商、由商转移到周，正是以这种思路来解释的。[3] 显然，对历史采取这样的解释，是将德行与成功联系在一起，而失德即失败。

天命论在后代变成中国历史观念的核心。《尚书》之后几百年，司马迁也秉持这一思想。《史记》开篇几卷，就遵循了固定的模式：王朝初建时期的国君，德行完美，而政权稳定，国家也繁荣昌盛；而后期的君主则德行有亏，致使上天收回天命，将其转交另一朝。新朝既得到百姓的拥护，便攻打旧朝，并取而代之。[4]

如果我们来看罗马文献，就会发现一个可资比较的思路。早期史家和史诗诗人比如老加图和恩尼乌斯（Ennius）所留下的残篇，已经说明，这些作者将罗马的成功归于道德品性，比如刚阳、沉稳、虔敬等美德。[5] 在保留更完整的著作中，比如撒路斯特和李维

---

[3] 对于两朝能延续多久，并无既定的年数。夏、商两朝的灭亡，源于其统治者从某一时间开始，不再关心德行。周公在这里表述了这种理论的实际意义：周代统治者应当以史为鉴，修身进德，为的是永保天命。

[4] 《夏本纪》就以这样的方式描写第一个王朝夏朝的终结（着重号是作者所加）："帝桀之时，自孔甲以来而诸侯多畔夏。桀不务德而武伤百姓，百姓弗堪。乃召汤而囚之夏台，已而释之。汤修德，诸侯皆归汤，汤遂率兵以伐夏桀。桀走鸣条，遂放而死。……汤乃践天子位，代夏朝天下。"在《殷本纪》中，同样的故事又讲述一遍。汤在决战之前，对自己的支持者解释道："格女众庶，来，女悉听朕言。匪台小子敢行举乱，有夏多罪，予维闻女众言，夏氏有罪。予畏上帝，不敢不正。今夏有罪，天命殛之。"汤既被授予天命，便战无不胜，建立新朝。后面周朝取代商朝，也是用类似的语言描述的。

[5] 参见拙文《规范和记忆：公元前2世纪历史书写和历史叙事的社会意义述评》（"Norm und Erinnerung. Anmerkungen zur sozialen Funktion von Geschichtsschreibung und historischen Epos im 2.Jh. v. Chr."），载布豪、哈尔腾霍夫和穆启乐主编：《罗马国家立于古代传统之上：公元前3—前2世纪的罗马世界与罗马文学》（M. Braun / A. Haltenhoff / F. -H. Mutschler [Hgg.], *Moribus antiquis res stat Romana*. Römische Werte und römische Literatur im 3.und 2.Jh. v. Chr.），莱比锡，2000年，第85—124页。

的史著,也都充满这样的表述。撒路斯特在他论喀提林叛乱的著作中,简要回顾了罗马历史(第6-13章),将罗马的崛起归功于高尚的道德情操:

> 无论国内还是对外征战,天下讲信修睦,人人恬淡寡欲。百姓大公无私,一心向善,非迫于法律,乃出自本心。争吵、不和、争斗,均用于对付外敌;人民只在德行上争胜。祭神慷慨大度,在家节俭,对友人忠贞不二。人民对自己、对国家,只表现出两种品质:战时骁勇,和平时公正。[6]

李维在他的序言中也已表达了同样的观点。[7]

但是,解释罗马的崛起只是故事的一面而已。在罗马消灭了迦太基、建立了世界范围的霸权之后,撒路斯特(还有李维)看到普遍的道德沦丧。撒路斯特这样写道:

> 首先是贪财,其次是争权。二者如同万恶之源。贪欲瓦解了忠信、正义和其他高尚的品质,而教会人骄傲、残忍、漠视神灵、万物皆可买卖……最初,这些事悄然滋生,有时会受到惩戒。但后来,恶习如瘟疫般横行,国家经历剧变,权力不复由正人君子把持,而变得残酷、不能容忍。[8]

---

[6] 见《喀提林阴谋》,9.1-3。

[7] 比如,李维写道(第9节):"我希望每位读者都仔细注意下面一点:人们如何生活,他们的道德原则为何,我们的国家在何人领导下、采取了各种国内和国外策略才得以强大和扩张。"在他的著作中,很显然,他将罗马的成功归功于道德品格,和他的前辈一样。

[8] 《喀提林阴谋》,10.3-4以及6。李维也持同样看法。在他《罗马史》前言第9节前半部分,他谈到具体的生活方式和道德观点帮助建立和维系帝国,在后半部分,他说:"让读者想一下,随着风纪日趋败落,道德最先沦落;然后愈演愈烈,道德开始坍塌,变成一片废墟,直到我们的时代来临。我们既不能容忍自己的罪恶,也不能忍受消除罪恶的手段。"

这种趋势极有可能带来的后果，在书中并没有说明，但作者和读者都很清楚：如果罗马失去立国和保国的美德，那么罗马也将亡国。

上面所引用的段落都仅仅局限于罗马本身。但在《喀提林阴谋》的前言中，撒路斯特已然表述了普遍规律：

> 统治权最初由何种品质获得，就很容易靠同一种品质来维系。但是，当懒惰代替了勤勉，欲望与骄纵代替了节制和公正，人们的道德和行为会有所变化，而命运也随之改变。由此，统治权总会易手，从德行不足者转移到最卓越的人手中。[9]

因此，我们可以说，中国和罗马的历史思考都持有一种观点：对于政治实体而言，"行"与"势"、"行动"与"后果"之间有紧密联系。具体说来，道德的善能带来成功，而道德的恶则导致失败。

为了避免作出荒谬的对比，我要指出，有两点区别不能忽略。第一点有关两种道德的具体塑成方式。对于罗马一方来说，重点在军功和勇武，而中国则突出行德政的能力。这第一点区别与第二点相连，因为对中国而言，统治权是指对内的统治，就是历代王朝对同一块国土的统治，也就是"天下"；而对罗马而言，统治权是指一个政权对其他政权的统治。说得更明确一些，这就意味着，中国方面讨论的是国内政治，而罗马方面讨论的是对外政治。但是——这一点至关重要——"行"与"势"之间存在直接关联，这一共同点毫无疑问是存在的。

我们如何解释这种相似？我可以想出两种解释，它们彼此兼容、相互补充。第一个解释是：在宏观政治方面，行动与后果相关联的说法有一定道理。当然，所有历史发展都有多重原因；但另一

---

[9]　《喀提林阴谋》，2.4-5。

方面，勤政、惠民等等，毫无疑问是治国安邦的基础，正如纪律和公正是稳定治理一个帝国的良好基础一样。因此，两个史学传统至少在某种程度上可能只是体现了一个历史真理。

但除此之外，另有一个因素在起作用。我觉得存在一种人类对于正义的基本渴望。如果我们感到在变化无常的人生中，有某种规律在起作用，而最终会有公正的结局，那么我们会更容易应付人生的变迁。就史学而言，像古代中国和罗马的史学传统都以道德观念为根基，所以有很强的动力来接受这样的观点。这并不是说，我们谈到的观点建立在更好的知识之上，而是说，中国和罗马的史家只要在史实中没有发现大量反例，就会自然而然倾向这种理论。关于王朝和帝国的兴衰这样宏观的问题，先暂且说到这里。

二

但是微观层面上的个体又如何呢？虽然要做这样概括的论断总是危险的，但可以肯定，就个体生命而言，历史绝对不是公平的。就是说，总会出现好人失败、坏人得志的情况。在这篇论文的第二部分，我想讨论一下古代中国和罗马史家是如何处理这一问题的。[10]

我认为可以区分两种策略。第一种策略聚焦于个人生活层面上道德与后果产生关联的那些例子。讨论的对象是属于社会政治等级制最上层的个人，他们的境遇自然和身处的政权密切相关。

中国方面，《尚书》是一个例子。因为书中所涉及的几乎全是中央统治者的所作所为，因此，区分个人的命运和王朝的命运就没

---

[10] 有一个可能的解答，当然是他们无从知道的：相信人死后的来生中，为此生的作为而受奖惩，就像古埃及的"死者审判"的观念和基督教的"末日审判"概念一样。古代中国和古罗马文化都过于注重实用，所以人死之后有来生的想法不能广泛流传。如果"行"和"势"在个体生命层面上的联系不能成立，那么中国和罗马史家又是如何看待这一点呢？

有太大意义。但这也适用于《左传》中很多关于君主的故事。比如，隐公四年所记的叛臣州吁。州吁弑其兄，窃取卫国的大权，并决定进攻邻国郑国。这一系列事件被鲁国看在眼里，鲁隐公问手下大臣，州吁是否能成势。大臣直截了当地给予否定的回答。[11] 下面一段又写卫国的局势，州吁因其暴虐而死于叛乱。整体来看，《左传》的历史观非常明确。人的命运掌握在自己手中。道德善举导致成功，而恶行则引向失败。因此，《左传》被称为"外表是历史、内在乃是道德说教"，非常恰当。[12]

司马迁对历史的解释，整体来看，当然比《左传》要复杂。但是在《史记》的"列传"部分，司马迁有几处的解释是按照同样的思路，比如《商君列传》。商鞅是秦国第一个改革家，他实施的改革要迈向中央化和军事化，极大增强了秦国的国力。但这些改革被司马迁解释为偏离了传统的"道"，因为古人崇尚以道德表率来治国，而不是依靠刑律。因此，商鞅严厉地推行其政策，就被批判为刻薄寡恩。任用他的秦孝公死后，嫉恨商鞅的贵族合谋将他杀死。这种结果在司马迁看来，完全是咎由自取，所以他才会说："卒受恶名于秦，有以也夫！"[13]

在罗马史家的著作中，我们也能发现这样的解释模式，但总体而言为数不多。如果读一下李维前面几卷，我们确实能发现一些例子：有些人的内心慢慢变得异常邪恶，或者犯下严重的道德过失，最终彻底沦落。第一卷的梅提乌斯·弗非提乌斯是阿尔巴·隆加的首领。他想用诡计智胜罗马人（1.27.1），但结果却被分尸。第三

---

[11]《左传·隐公四年》："臣闻以德和民，不闻以乱。以乱，犹治丝而棼之也。夫州吁，阻兵而安忍。阻兵无众，安忍无亲，众叛亲离，难以济矣。夫兵犹火也，弗戢，将自焚也。夫州吁弑其君而虐用其民，于是乎不务令德，而欲以乱成，必不免矣。"

[12] 华兹生：《中国早期文献》（B. Watson, *Early Chinese Literature*），纽约，1962年，第47页。

[13]《史记·商君列传》。

卷中，前任执政官、后来担任十执政官的阿皮乌斯·克劳狄乌斯，慢慢变得专横残忍（3.36）。有一次，他想强占一位平民姑娘维尔吉尼娅。就在他的计划将要得逞之时，维尔吉尼娅的父亲眼看无法保全女儿的名节，于是自手杀死女儿（3.44-48）。这一事件成为克劳狄乌斯败亡的导火索。他虽然再三努力，也无法渡过难关，只能接受审判。当他看到自己无法逃脱罪责时，就自杀了（3.58）。

从中国和罗马的文献中还可以收集出相同的或者互相补充的例子，说明好人有好报的道理。但是，"行为—结果之联系"并不能一成不变地适用于所有历史，它自有一定的适用范围。历史上有时恶人得逞，而好人失败。有意思的是，针对这种情况，中国和罗马史家发展出第二种策略，通过史学的正义来补偿历史的不公：在历史上，恶人或许会得势，好人或许会失败，但史学可以通过惩恶扬善来加以弥补，并将这样的评判传给后人。

历史上的不公最频繁发生于独裁政体。统治者可以随意决定人民的命运，而且经常带来严重的后果。在中国古代（与古罗马不同），君主制乃是常态。因此，表达公正的评判，完全不计外在的成败，从很早开始就被视为史家的一项重要任务。司马迁指出，孔子在《春秋》中写道：

> 是非二百四十二年之中，以为天下仪表。贬天子、退诸侯、讨大夫，以达王事而已矣。[14]

《左传》中，我们读到有四兄弟同为史官。其长兄如实记录了齐国大臣弑君的事实，结果自己为叛臣所杀。他的两个弟弟同样如实记录历史，也遭杀害。另一位弟弟继续坚持秉笔直书，结果叛臣便不

---

[14] 《史记·太史公自序》。

再追究。[15] 史官全力捍卫历史真实，秉笔直书，不计个人安危，这个形象非常感人。毫无疑问，司马迁在列传部分，将公正评价文臣武将的功绩视为自己的任务，特别是那些生前未获承认或不得志的好人。李广是一个著名的例子，他曾在文帝、景帝和武帝三朝为边将，在攻打匈奴的多次军事行动中战功卓著。他足智多谋，骁勇善战，但也曾遭遇失败（但司马迁认为并不是他的过错）。在他军旅生涯将要结束时，李广与他的上司、一位蒙皇帝拔擢的同僚发生龃龉。对匈奴的战役虽取胜，但未俘获单于，于是这位上司命令李广上报情况。李广自高身份，不愿意被小吏盘诘，于是自杀。《史记》中这样记载：

> 至莫府，广谓其麾下曰："广结发与匈奴大小七十余战，今幸从大将军出接单于兵，而大将军又徙广部行回远，而又迷失道，岂非天哉！且广年六十余矣，终不能复对刀笔之吏。"遂引刀自刭。广军士大夫一军皆哭。百姓闻之，知与不知，无老壮皆为垂涕。[16]

其他类似的例子还有很多。此外，有时司马迁的评判是中立或者负面的，也有一些时候，一些位高权重的人却不见于列传。

《汉书》的作者班固传承了司马迁的史学，他以同样的方式制作了一张《古今人表》，以儒家的道德标准评骘了中国历史上两千多位人物，将他们列为九等：上上、上中、上下、中上、中中、中下、下上、下中、下下。[17] 不管这些人物在历史上成败如何，史

---

[15]　《左传·襄公二十五年》："大史书曰：'崔杼弑其君'。崔子杀之。其弟嗣书，而死者二人。其弟又书，乃舍之。南史氏闻大史尽死，执简以往。闻既书矣，乃还。"

[16]　《史记·李将军列传》。

[17]　《汉书·古今人表》。

学要确保后人能依其真正的品德来评判他们。

　　罗马方面就没有这么分明。如果我们不看属于半传说的王政时代，会发现对共和时代的描写中，极端不公的情况很难找到。但是在恺撒独裁时期，罗马逐渐进入帝国统治，情况开始发生变化。最明显的例子是小加图。他是道德上的完人，在恺撒胜利之后自杀。我们可以特别留意史书和历史史诗是如何描写这位历史上的失败人物。[18] 他的同代人撒路斯特已经让小加图和他的对手及征服者恺撒平起平坐了。[19] 如学者所料，李维对他的描写更加正面。[20] 维吉尔赋予他显赫的地位，让他在冥间担任审判官。[21] 卢肯最终将他描写为一位英雄人物，甚至是他所作史诗的主角。[22]

　　但是在帝制完全建立之后，在提比略、尼禄和图密善这些难称明君的皇帝治下，"行为"与"后果"的差异才变得极为明显。正是这一时期的史家塔西佗，从他自己史著的开篇，就将弥补历史不公当作自己的首要任务。这涉及整个一群能干的官吏和将领。即使很多人以失败告终，但塔西佗认为给予他们应有的承认，乃是自己的职责所在。[23] 但在他描写罗马元老院精英阶层的行为时，这种以史书为补救历史的做法更为明显。这些元老院的大多数议员几

---

[18] 对这个问题最新的研究，可参考伍寿：《小加图的品格——在斯多葛道德哲学与共和政治意识之间》（S. Wussow, *Die Persönlichkeit des Cato Uticensis—zwischen stoischer Moralphilosophie und republikanischen Politikverständnis*），2004 年杜塞尔多夫大学博士论文。

[19] 可参考《喀提林阴谋》51-54 中两篇著名的演讲以及随后的"对比"手法。

[20] 见本章注 18 所引伍寿一书，特别是第 7 页以下、第 237 页以下以及 273 页以下。

[21] 《埃涅阿斯记》，8.666-670。

[22] 可参看史诗开篇部分的名句（1.126）："神灵喜爱胜者，加图喜欢败方"（Victrix causa deis placuit, sed victa catoni）。

[23] 塔西佗的首部著作是为他岳父所作的小传。尽管图密善皇帝充满敌意，塔西佗依然坚持，公众应当给予阿古利可拉足够的承认，因为他完成了征服不列颠的任务。在他主要著作中，他也用同样礼敬的态度对待提比略、尼禄和图密善怀疑和嫉妒的那些人，比如格奈乌斯·多米提乌斯·考布罗。后者历事三朝，在不同地方都有成就，最终被尼禄逼迫自杀。

乎每日接触皇帝，不管出于恐惧还是出于贪婪，他们的所作所为不是为了公共利益或者道德原则，而是为了谋一己之私利。很多人自甘堕落，或者阿谀奉承，或者阴险恶毒，而其他人则胆怯懦弱，不发一言。史学家必须要面对这样一种乱象。谈到元老院中的辩论，塔西佗明确表述了自己描写这种乱局的指导原则（《编年史》3.65.1）：

> 我的目的，不在于详述每一条动议，而是要举出那些声名卓著或臭名昭著的例子。我以为历史的最佳用途正在于此：让善行永远被人铭记，而恶言恶行永远担心会遗臭万年。

我认为，司马迁应该会用相似但更普遍的词语来描述自己的工作。

总体而言，我们可以说，中国和罗马的史学在具体事件的微观层面以及宏观层面都有相似性。在宏观层面，中国的天命论可对应于撒路斯特所说的道理：统治权（imperium）总是从寡德的一方转移至有德的一方。所以，在微观层面上，中国和罗马史家都关注个人的成败乃是由其德行而决定的。另一方面，当历史出现不公的情况时，他们都试图用史学的正义来补偿历史的不公。

但是，看到这种相似，肯定仅仅是一个开始。下一步，我们应当更仔细研究史料，详细阐明此种相似之中的差异。第三步，我们应当将相似和差异放置在更广阔的文学和文化语境中。但是因为本文的写作基于特殊的组织结构，所以这些工作只能留待今后了。

（高峰枫　译）

下 篇

史学比较研究之再思考

第八章　司马迁和他的西方同行：论描述的类型

黄俊杰教授在其论文中，概括了中国史学思想在不同时代的特征。不过他的论述在一定程度上强调的是古代，他援引最多的是中国的史学之父司马迁。显而易见，在黄教授看来，"经典"在史学思想方面也具有规范（normative）和形塑（formative）的作用。作为一名古典学者，笔者赞同黄教授的观点，尽管许多重要的学者认为，西方文明作为一个独特的整体如果不是在近代早期的话，至少也是在中世纪形成的。因此，笔者将从一个古典学者的角度讨论黄教授对中国史学特点的论述，本文主要关注其三个论点，集中于讨论古代。

第一个论点和史学在中国文化里的重要性有关。黄教授认为，"在中国文化的语境里，人活得像人就是以史为准、以史为鉴"（第181页）[1]。"就中国传统而言，……历史感是人生的经纬"（第185页）；"中国传统让我们最清楚地看到人作为历史的人（homo historiens）"（第185页）。正如吕森（Rüsen）教授在评论中指出的那样，这一观点似乎包含有挑战的意味，与作为范式的"他者"即西方争锋相对，它在启蒙运动后期和历史主义思潮中孕育的"特定现代史学思想方式已经成为历史研究的主流和主导，至少在学术话语的层面上来说"（第189—190页）。

不管这一评论是否正确，我们将通过比较中西古代史学，观

---

[1] 如无特别注明，本文括号中的页码指《历史与理论》（*History and Theory*）期刊 2007 年第 46 期中的两篇文章：黄俊杰：《中国史学思想中的关键特征》（Chun-Chieh Huang, "The Defining Character of Chinese Historical Thinking"）和约恩·吕森：《跨线文化边界》（Jörn Rüsen, "Crossing Cultural Borders"）。

察黄教授提出的论点是否成立,即史学在中国文化中具有导向作用,而且这种现象是独特的。[2]

对照古代希腊,这一论点是成立的。古希腊的史学思想和史学编纂并没有人生导向的作用。[3] 章学诚认为"六经皆史"。相反,希腊文学的开端(公元前 8 世纪)是史诗(epic poetry)和训示诗(didactic poetry):史诗的主题是神话故事,例如特洛伊战争,主角是各个英雄人物,而诸神会关注和干预事态发展;训示诗的主题是神谱和农民的劳作时令。后来在公元前 7 世纪和大约公元前 500 年,抒情诗(lyric poetry)和戏剧诗歌(dramatic poetry)再相继出现,史学在后两者的诞生中都没有起决定性影响。在大约相同时间(公元前 500 年),哲学主要关心的是自然界,直到公元前 5 世纪中叶它才"从天上被拉到了人间"。差不多在这个时候,史学也产生了,但是它没有在希腊的思想和知识生活中扮演突出的角色。

然而,希腊不能涵盖整个西方古代史学。就古代罗马而言,情况是相当不同的。鲜明的例子是"祖宗之法"(mos maiorum)对罗马人的重要意义。它是社会和政治生活的准则;它将个人的和公共的行为导向祖宗先辈。如果一个人要以祖宗为榜样,那么他必须了解他们;换言之,他必须珍惜历史,至少是祖国的历史。自共和国中期(大约公元前 300 年)以降,罗马到处都是纪念碑,用以纪念内政外交上的历史人物和事件。除此之外,历史的意义在文学中也有所体现。早期(大约公元前 200 年)的罗马史诗和罗马历史相关,有的是具体事件,如第一次布匿战争(奈维乌斯),有的是

---

[2] 下文的讨论基于我已发表的关于古代希腊、罗马和中国史学的文章,现在分别见本书第 1、第 2、第 5、第 6 章。

[3] 相关评论见余英时:《中国史学思想思考》(Yü, Yingshih, "Reflections on Chinese Historical Thought"),载吕森主编:《西方史学思想—— 一场跨文化辩论》(J. Rüsen [ed.], *Western Historical Thinking. An Intercultural Debate*),牛津大学出版社,2002 年,第 152—172 页,尤见第 158—160 页。

总体历史，如恩尼乌斯的作品。几乎在相同时间，史学产生了，成为最重要的散文体裁，并在撒路斯特、李维和塔西佗的作品中达到巅峰。与此相反，哲学产生较晚。至少罗马哲学中主要以散文体进行阐释的是西塞罗，而他的政治哲学作品经常指涉罗马共和国（res publica）的历史。史学在罗马人的社会、政治和知识生活中是无处不在的。

在此似乎需要补充一点。至此我是在相对总体的意义上讨论古代中国、希腊和罗马的史学特征。这样的特征概括也只能到此为止。然而，我认为有必要进行更为具体的讨论。我们可以提出的问题包括历史学家们的社会地位、他们的作品成书和被阅读的制度环境。对这些问题的回答指向尽管是初步的、但却是不同的类型学。

在中国，历史书写最初和王朝官僚体系中的一个特定官职即"史"官联系在一起。根据广为接受的观点，"史"官最初有可能负责记录礼仪中弓箭比赛的结果。不过很快他的职责似乎就增加了，包括观察吉凶，记录占卜结果，发布和归档官方通令，最后是记录重要的政治事件，尤其是在位统治者的言行。所有这些职责中贯穿始终的特征似乎是精确而忠实地记录所发生的事。因此就这一官职的历史书写职能而言，早自孔子开始就出现了一种秉笔直书的理想，为此"史"官要不畏生死。因此，中国古代史家的地位很高，位于政治权力中心。考虑到史家记史的制度框架，我们可以想象，那些承担政治责任的人会对历史记录有所忌惮。[4]

在希腊情况则十分不同。我们仅举最著名的希腊史家希罗多德、修昔底德、色诺芬和波里比乌斯为例，他们都出自社会上层。然而与此同时，出于不同原因，他们都被迫离开家乡，流放异

---

[4]　不过我注意到这样的事实，即尽管司马迁及其父司掌"太史官"之职，但他们却不是以这一官职身份而是以私人身份修史的。但这和上文所说并不矛盾。司马迁及其父情况特殊，但这并不影响他们的声誉。

乡。多亏了他们的社会出身、经济资源和自身品质，他们过着受人尊重的生活。他们生活在远离家乡的地方，却又受人尊重，这一特别的情形有可能激发了他们历史书写的独立判断和广度。但这也意味着他们是以私人身份进行历史书写的，他们的读者对象则是希腊世界具有知识兴趣的上层社会。他们不可能也没有期待通过自己的历史书写施加具体的政治影响。

最后，罗马的情形介于两者之间。在相对较早的时候就有大祭司的年代记，这是重要宗教和政治事件的官方扼要记录。不过，最早的更为详细的历史记叙，其作者也不是以官方身份来进行记录的，而是如同希腊的前辈们那样，是以私人身份进行书写的。然而，实际上所有这些作者都来自于贵族阶级并且担任过官职，而且他们把历史书写看成是自己政治参与的延续，只不过形式不同罢了。他们的历史记叙完全集中于罗马历史，读者对象主要是他们自己所属的贵族阶级，而且他们也想对这个阶级的政治与道德行为施加影响。实际上他们也有可能施加了这种影响，因为在很大程度上，他们和其他贵族阶级的成员是根据在几个世纪的时间里，个人和家族为罗马共和国的发展所作出的贡献来理解自己的。这也就意味着，他们是以历史的方式来理解自己的。

因此，就古代中国、希腊和罗马历史思想与史学之重要性而言，我们可以说存在黄教授指明的那种不同，但是这种不同更多地体现在古代中国和希腊之间，古代中国和罗马的不同则较少些。

黄教授讨论的第二个问题是，史学如何在中国文化中产生巨大影响，更准确地说是史学提供了什么样的导向和榜样。黄教授认为，在中国，史学最重要的作用是提供道德导向和榜样。这一过程很难描述，它暗示某种"解释学的循环"（黄教授用语）：史家从历史中搜集原则，又用这些原则去解释和评判历史。关键在于，这些可以在历史中找到和提取的原则（"道""理"）是道德原则。

它们使史家能够认识到善恶本身固有的价值，从而"褒贬善恶，制定和表达内心的价值，不管现实中发生了什么"（第182页）。这一点可能是中国史学相对于西方史学的独特之处。正如"价值中立"（Wertfreiheit）常被视作是（西方）史学研究品质的标志，这一看法是有根据的。

但是如果从一个西方古典学家的角度看，情况又是怎样的呢？就中国史学而言，道德导向以独特的方式与历史慧识交织在一起，司马迁就是一例。我们不应认为存在严格相反因素的简单对立，而是存在双方面相似因素的不同组合或者是强调与否的不同。我们看到西方史学的情况也是如此，只是有些细小差异而已。

一方面有修昔底德这样一个历史学家，他的目的似乎严格限于认知领域，即向他的读者提供真知灼见，用以了解人性、政治和政治史如何运作的法则，而不是道德导向。因此（当然还包括其他原因），修昔底德被看作是（西方）现代史学研究的先驱和典范。

当然，修昔底德一人不能代表整个希腊史学传统，还有希罗多德、色诺芬、波里比乌斯，他们的情况是不同的。从希罗多德开篇序言的最后一部分可以看出，他关注历史的原因[5]，但纵观《历史》全书，我们发现他将善恶行为呈现给读者，所以他也关注道德导向。对于守旧的色诺芬而言，道德导向毫无疑问是其历史作品和半纪实半虚构作品的主要目的。波里比乌斯可以说是后世最接近"修昔底德"的希腊史家，虽然他竭尽全力探明因果，但是也明确宣称道德教化是其历史作品的目的之一。[6]

在古代罗马史学传统中，道德导向更加重要。从公元前2世纪

---

[5] 《历史》,1.1.1。希罗多德在此宣称自己的主题之一是探究"希腊人和蛮族人发生冲突的原因"。

[6] 波里比乌斯:《通史》,1.1.2。

下半叶起，对历史动因的探究就是史家的任务之一[7]，这或许是受到希腊的影响。然而，他们更重视历史写作的道德作用：撒路斯特把祖宗面具的教化和激励作用归于历史记忆；[8]李维在他的前言中提到史学提供给读者的反面范例（apotreptic examples）和正面范例（protreptic examples）；[9]塔西佗明确指出，褒贬善恶是他的《编年史》最重要的任务。[10]

因此初看之下，我们发现中西史学之间存在明显的对立，即规范与认知的对立。然而仔细考察之后，我们发现中西史学拥有相同的元素，只是侧重不同。就道德导向而言，古代中国史学更接近罗马，与希腊则相异。

前述的这些观察与黄教授的第三个论点有关，它聚焦的是史学论述中的具体范例和抽象规则。黄教授认为，西方史学思想注重抽象规则，具体范例是"可有可无的和装饰性的"举例说明而已（第186页）。与此相反，中国史学注重具体范例，因为"如果中国的观念从它们指涉的具体范例中抽象出来之后，这些观念就坍塌了"（第186页）。

在这点上，吕森持不同意见。他认为，黄教授指的仅仅是"在史学中通过范例构造意义的逻辑"，而这"在其他文明（包括西方）中也能找到"（第190页）。因此，"问题并不是范例模式与其他模式的对立，而是范例模式是如何展开详述的"（第191页）。受到吕森的启发，笔者认为存在两种类型的"范例"，它们与史学的规范和认知作用有关。对范例区分可以帮助我们理解黄教授的第三个论点，以及在多大程度上这个论点适用于古希腊罗马史学。

---

[7] 最早的明确表述见于瑟姆普罗尼乌斯·阿瑟李奥（Sempronius Asellio）。
[8] 《朱古达战争》，4.5-6。
[9] 《罗马史》，前言，10。
[10] 《编年史》，3.65.1。

笔者提出应区分两种"范例",一种是例子,另一种是模范、范式。古代史家在视历史事件为"范例"时,可能意味着两者中的任意一种。如果史家把历史事件当作"例子",那么他们在大多数情况下会从中提取抽象的规律,就像自然法则那样。如果他们将历史事件视作是"模范",那么他们主要感兴趣的是传递道德规范意义上的一般规则。第一种情况是认知作用的史学,第二种是规范作用的史学。

笔者以为,中国史学中的范例主要是第二种。正如黄教授认为的那样,这正是为什么中国史学里单独的、具体的事件不能被笼统的、一般的规律代替的原因。当一个历史事件是"例子"的时候,它是次要的,因为规律已经被提取了。相反地,当一个历史事件是"模范"的时候,它的情感力量只有基于单独性和具体性才有效果。因此,它不能被摒弃,代之以一般规律。如果这样来理解,那么黄教授的第三个论点中关于中国史学的部分是成立的。

但这是不是中国史学与西方史学之间的又一个不同点呢?就古希腊罗马史学而言,这个问题的答案既是肯定的,又是否定的,不能一概而论。如果说有一个把历史事件当作例子看待、从例子归纳一般规律的代表性人物,那么这个人物无疑是修昔底德。他的著作专注于一个范例,这就是伯罗奔尼撒战争,而其作品的目的和结果是对人类政治活动规律的洞见。[11] 修昔底德在他的作品里对伯利克里的政治远见和能力推崇备至,远胜其他人物,但他也只是将伯利克里当做一个研究的例子,而非效仿的模范。其他古希腊史家的情况比较复杂,不是这么泾渭分明。波里比乌斯与修昔底德非常接近,他坚持认为分析历史因果是必要的,并将其看作是从历

---

[11] 较能说明问题的是,学者们经常注意到,修昔底德的方法和当时的医学研究十分接近。

史中吸取经验教训的先决条件。可是他也强调，在对待模范人物的时候，不偏不倚的客观褒贬是史学的重要任务。[12]

就古罗马史学而言，"通过范例构造意义"的情况同属认知作用和规范作用。史家面对历史事件时，应该探究历史因果的规律。但是在古罗马史家看来，个人和国家的道德是历史发展的决定性因素，史学的认知作用和规范作用是不可分割的。撒路斯特、李维和塔西佗都明确表示，提供反面范例和正面范例是史家的任务之一。[13] 事实上，他们的作品充满了读者应该模仿和不应该模仿的政治人物范例。

从古希腊和古罗马修辞理论对"范例"的不同对待可以看出，古希腊和罗马史学可能存在根本不同。古希腊修辞理论认为，使用范例（paradeigma）是为了智识上的清晰；而古罗马修辞理论认为，使用范例（exemplum），尤其是历史范例，主要是为了情感上的诉求。相应地，古希腊范例选择的决定性标准是相似性，而古罗马的范例的选择标准是权威性，或者说是情感力量。[14] 就"范例"的使用而言，中国史学更接近罗马，与希腊相异。

黄教授的论文提出的是非常概括的对立。这作为切入点和出发点是可以的，尤其是当这些对立指向大家能够赞同的方向时。但进一步深入来说，我们应该更加仔细地观察，品味细节微妙之处。涉及古代史学时，有两点值得指出。第一，就史学的意义和历史思维的模式而言，我们应该区分古希腊和古罗马史学。出人意料的是，古希腊和古罗马史学之间的差异如此之大：古罗马史学与古

---

[12] 例如参见《通史》10.21。波里比乌斯在此讨论了历史学家和传记作家的不同任务。

[13] 例如参见本章注 8—注 10。

[14] 参见希特姆勒：《范例的权威》（M. Stemmler, "Auctoritas exempli"），载林克和希特姆勒主编：《祖宗法度：罗马共和国认同与稳定形式之探讨》（B. Linke/M. Stemmler [Hgg.], *Mos maiorum. Untersuchungen zu den Formen der Identitätsstiftung und Stabilisierung in der römischen Republik*），斯图加特，2000 年，第 141—205 页，尤见第 150—167 页。

代中国史学相对更加接近，它们离古希腊史学相对更远。这引发一个有意思的问题，尽管它不在本文讨论的范围之内，那就是政治制度与史学思想之间的相互关系，因为就政治制度而言，古罗马与古代中国相似（统一帝国），而它们与古希腊（诸多城邦）相异。第二，更笼统地说，上述分析印证了"相似元素—不同侧重和组合"这一模式的实用性。它在近年来的跨文化研究中越来越流行，意味着不同文化之间的相似性与差异性同等重要。它也表明，相互理解，包括接受他者的不同之处，并非不可能。总之，不是所有的东西都已经消失在跨文化的对话之中了。

（诸颖超　译）

第九章　导向性与基于事实的知识

吕森（Rüsen）的史学理论（Historik）是对历史思想的反思，它将其对象历史学理解为人类生活实践导向（Orientierung menschlicher Lebenspraxis）的一部分，并依次在文化意义建构的层面上分析：（a）人类具有对时间的定向需求和认知兴趣；（b）由此产生了历史的观念；（c）通过启发、批判、解释获得基于经验的知识（erfahrungsgestütztes Wissen）；（d）表述；（e）使之具有实用功能，为生活服务。对从事比较研究的古典学学者来说，这种基于人类学的历史理论值得欢迎，因为它提供了一个范畴框架，不仅可以用来描述单独对象，还适用于历史写作和史学思想的跨文化比较。在下文中，我将分析三位古代史学家著作中导向功能（Orientierungsleistung）与基于经验的知识的关系，借此一方面展示吕森所提出的范畴在比较研究中的解释力，另一方面从一个特定视角说明其进一步发展的可能性。

修昔底德曾经这样阐述其著作的功能："如果那些想清楚了解具体人物、过去发生的事件和基于人性也会在将来发生的类似事件的人，认为我的著作有益处，我就心满意足了。"（第1章第22节）这段广为引用的陈述切中肯綮。修昔底德的著述旨在引导读者在其生活实践中理解相同或相似的模式、人类行为（更确切说是政治）的驱动力和作用机制。让此类理解成为可能的先决条件是历史学家提供基于经验的知识。因此，上述引文出现在所谓的方法论一章的结尾（第1章第22节），在其中，修昔底德阐明他的做法，即在概述事实的同时，尤其重视重构、复述独白与对话。修昔底德清楚意识到发现事实的客观困难,也清楚意识到要重构事件之间的内在联系,同时他发展出克服这些困难的方法的意愿和能力,使他的历史记叙的准确性和可靠性饱受钦佩(尽管这种记叙也曾受质疑)。对本文讨论至关重要的是,修昔底德的案例说明,历史思想的学术写作并非18—19世纪的一种创新,而是早在古典时期就已发轫,并与历史思想的导向功能密切相关。

然而,在此有一点需要澄清,修昔底德作品中体现的导向功能可以说仅仅是工具性的(instrumentell),不涉及人类生活实践的根本目的或者政治行为的基本目标。它不过是运行机制(Mechanismen)与相互作用效果(Wirkungszusammenhänge),在实施已设定目标的过程中会参与和发挥作用。单就政治行为的目标而言,如果作品自身提供了导向——尽管是否提供以及有意提供尚存争议——这种导向并非建立在经验性知识的基础上,而是基于作者的价值规范,后者在历史叙述中成为褒贬行为的关键所在(例如,第2卷第35—46章复述伯里克利阵亡将士国葬演说中雅典人的自我认知;第3卷第81—83章描写科居拉岛的内部情况),但是它不能从已存在的历史中得到确认。

古罗马史学家已经指出,撒路斯特是修昔底德坚定的追随者。其著作专题式的结构,对特定高潮段落的设计,及其语言、文风的特点都说明了这一论断。但若分析修昔底德的这位罗马晚辈作品中的导向功能和基于经验的知识,就会看到这两位史家截然不同。

毫无疑问,撒路斯特也将历史书写的首要功能理解为指导读者。它不仅提供工具性导向,还旨在为人们的交往行为确立准则。这种意向在《朱古达战争》一书的序言中表现得淋漓尽致。撒路斯特宣称他的历史著述有其用处,尽管主要是对集体行为有益(《朱古达战争》第4卷,第1、3、4章)。紧接着他阐释了历史的功用：对丰功伟绩的称颂能激发后人的英勇，鼓舞他们追求荣耀（第4卷，第5—6章），使人们清楚地意识到"时不我待，亟需努力"（第4卷，第7—8章）。

这种意图与努力确保经验性历史知识之间有何联系？事实上，两者相辅相成。撒路斯特在《喀提林阴谋》第6至13卷著名的"题外话"（Exkurs）中，简要介绍了罗马从开端到他所处时代的历史发展进程。在前半部分，他阐明了罗马从开始时台伯河畔的小聚落发展到世界统治者，这要归功于英雄气概（virtus）、勇气（audacia）、公正（iustita）、克制（moderatio）等修养，简言之，归功于罗马人的美德。"题外话"的后半部分论述了这种美德的丧失。《朱古达战争》与《喀提林阴谋》的主要叙事内容也关乎这一主题，就是说，它们分别详细阐述了罗马领导层的道德退化如何导致严重的危机，而这场危机只能凭借尚存的英雄气概及英勇行动来克服。这种呼吁的导向性十分明确：若想保住罗马的权力与强盛，道德革新尤为必要，它尤其需要这些著作的读者来完成。

撒路斯特作品所提供的导向不单纯是工具性的，而是关乎政治行为的基本目标。此导向的说服力似乎仍以经验性知识为基础，也就是在实然（Sein）之上建立应然（Sollen）。但是，进一步的观察显示情况并非如此。如果是由于作者和读者的基本信念一致，即应当保持罗马的权力和强盛，那么，作品中所传达的历史知识只会对此产生支持作用。然而，这种基本信念展现为一种价值判断，它无法由经验论证，它影响显著而广泛，也无需验证。换言之，在这种情况下，基于经验的知识只具有工具性导向，其经验依据的可靠（Erfahrungsgestütztheit）也只在这种工具性导向中有意义。比工具性导向更基础的是原则性导向（grundsätzliche Orientierung），然而，当它的适用性在交流共同体（Kommunikationsgemeinschaft）

中变得脆弱时，它无法依靠史料以论证的方式，通过展开方法上可信的知识获得支持，而只能通过启示和激励，以叙述的修辞强度（例如，描述日渐强大的罗马共和国欣欣向荣的景象）来实现。

确实，这种情况对评价撒路斯特作品中基于经验的、以可靠方法获得的知识有影响，但它在程度上低于修昔底德作品中存在的同类问题。这一重要的方法论反思涉及了历史学家的主观公正性（subjektive Unvoreingenommenheit）（请参阅《喀提林阴谋》3.2；4.2-3；《朱古达战争》95.2）。撒路斯特的作品并不牵涉确定事实的困难。相应地，撒路斯特为寻求事实所做的努力也明显逊于修昔底德。但是，撒路斯特的叙述带有启示和激励，清晰贯穿其作品。由于撒路斯特注重在社会政治行为的基本方向上引导读者，对历史事实的回顾只产生辅助效用。因此对他而言，描述的说服力比回溯历史更为重要。

在中国古代最重要的史学家司马迁的作品中，导向功能和基于经验的知识间也呈现出联系。在《史记》结尾，即自传性的第130卷中，司马迁将此书追溯至"前辈"孔子的著述。他这样描写孔子作《春秋》的意图："周道衰废，孔子为鲁司寇，诸侯害之，大夫壅之。孔子知言之不用，道之不行也，是非二百四十二年之中，以为天下仪表，贬天子，退诸侯，讨大夫，以达王事而已矣。"在此，作品的导向功能清晰可见。通过对前人前事的评判，孔子表达了正确政治行为的标准，其最高价值理念是仁政。这里所涉及的显然不是工具性导向，而是原则性导向。司马迁阐述《春秋》的方法（此方法在本文中无法详述）表明，他也为自己的作品设立了同样的要求。

在此情况下，作品的导向功能和它所传达的历史知识有何联系？首先可以断定的是，司马迁竭力展现了所有可能的史料，清楚史料批判的必要性并付诸实践。就这点而言，他的作品是对历史思想的自然范式（natürliche Anlage）的又一例证，这种历史思想基于经验性知识的可靠和相应方法的发展。

但这里仍需说明的是，作品所表达的实践道德导向（praktisch-moralische Orientierung）在基本内容上并未脱离事实。虽然司马迁在作品中也暗示了这样一种历史观念，即遵从伦理的行为获得了成功，而忽视伦理标准则惨遭失败（请参阅，如卷二和卷三夏至商，商到周的统治过渡，或者卷六八秦代变法者商鞅的发迹与落败）。然而，一方面，只有作者和接受者对所追求的成功在内容上达成共识时，这种暗示才得以成立，而他们的共识无法通过历史经验证明；另一方面，按照司马迁的描述，这种历史观念自身也常常受到事实的反驳。尽管如此，司马迁仍致力于其作品的历史可靠性（historische Verlässlichkeit），同样毋庸置疑的是，其作品也以道德为导向。然而，这两者又是如何联系到一起？

就笔者的观察而言，其关键在于道德判断自身的分量。也就是说，历史学家辨别是非曲直，不仅是为了传达道德标准，而且也是为了判断自身。历史书写如同法庭，其判决极具分量、影响深远。当历史充满不义，邪恶握取胜券，善良遭遇惨败之时，那么这种作用就更加意义非凡。在《史记》的大量列传里，作者同样致力于此目的，用历史书写的公正性来平衡历史的不公正（例如卷一〇九《李广列传》）。

但是，倘若评判前人前事是历史书写的首要任务，那么叙述的客观性，对事实的回归，则是不可或缺的先决条件。只有在使用所有方法的情况下，在客观确定事件的发生经过后，才能做出公正的评断。尽管评价标准无法从已发生的事件中获得，但谨慎求证是公正使用评判标准的前提。

现在，我们简要总结观察所得：

第一，本文研究了不同古代史学传统中的三位代表，研究表明，将历史思想与人类生活实践的文化导向相结合，并注重它与实际所发生事件的联系，为归纳历史思想的普遍特征提供了良好机会。

第二，这些范畴反映出人类学上的普遍性，通过描述它们各自的影响和相互关系，使不同文化中史学作品的比较研究成为可能：例如，比较研究冷静克制的古希腊政治学家修昔底德的《伯罗奔尼撒战争》、激情洋溢的古罗马公民撒路斯特的两部专著和追求公正的中国史官司马迁的《史记》。

最后，本文认为，区分工具性导向功能与原则性导向功能或许意义重大。这种区分的重要性在于，这两种导向功能与经验性知识的关系有所不同。只有工具性导向能够、并且必须与基于经验的历史知识相连，它并非涉及行为的最终目标，而是达成目标的方法与途径。原则性导向则相反，它无法从知识——即使是历史知识——中提炼，而必须在其他来源中汲取灵感，它尽管在学术依据上有所欠缺，却在历史叙述中展现出启示与激励的力量。

（李文丹　译）

第十章　古代史学之比较[1]

这四篇论文以古代史学为切入点，通过对中国史学和西方史学或明或隐的比较，论述了中国史学的重要特征。笔者将批评性地考察这四篇论文中和古代诸种史学比较有关的论述。笔者以为，虽然古代中国史学和古希腊罗马史学之间存在许多不同，但是它们之间同样存在许多相似的地方，而这与人类根本的需求和志向有关。

一、保存事实

首先讨论的是黄俊杰教授第二篇论文的结尾部分，即《作为人文主义思想的中国传统史学思想》，因为这给了我们第一个机会，让我们看到，情况并非初看起来那么简单明了。黄教授写道，"中国传统史学思想中一个显著的人文主义特征是对历史真实的严格坚

---

[1] 本文原载黄俊杰和吕森主编：《中国史学思想——一次跨文化的讨论》（Chun-Chieh Huang, Jörn Rüsen [eds.], *Chinese Historical Thinking: An Intercultural Discussion*），哥廷根，2015年，为笔者对书中第1部分所载4篇主要论文的评论。这4篇论文分别为黄俊杰：《中国传统历史书写中的历史话语：作为哲学的历史学》（Huang Chun-Chieh, "Historical Discourses in Traditional Chinese Historical Writings: Historiography as Philosophy"），第25—40页及其《作为人文主义思想的中国传统史学思想》（"Historical Thinking as Humanistic Thinking in Traditional China"），第41—48页；汪荣祖：《中国传统史学中的人文主义——以太史官司马迁为中心》（Wong Young-tsu, "Humanism in Traditional Chinese Historiography – with Special Reference to the Grand Historian Sima Qian"），第49—62页；胡昌智：《论中国现代史学思想的转变》（Hu Chang-Tze, "On the Transformation of Historical Thinking in Modern China"），第63—88页。我的朋友约翰·准克沃特（John Drinkwater）教授不仅纠正了原文中的英语错误，而且帮我理清思路，特此感谢。

持","纵观中国史学,史家们保持着如实直书的传统"。[2] 接着,他补充道,像司马迁那样的史家"很难接受海登·怀特的观点,那就是'史学作品是一种文学作品'"。[3]

事实的确如此。但问题是,尽管海登·怀特在近几十年里非常有影响力,但他一个人不能代表整个西方史学思想和史学编纂的传统,尤其是西方古代史学。

司马迁的成就在于全面地收集研究文字和口头史料,比如他遍访历史古迹。这是非常令人钦佩的,证明和践行了他自己的信念,即史家的根本任务是重构史实,用黄教授的话说是"保存事实"。然而不可否认的是,古希腊罗马史家对史实的可靠性有同样的执着和责任感。希罗多德宣称他的作品是"探究结果的展示"。[4]《历史》开篇中的这个关键词 historia(源于动词不定式 historein)指的是"探究"。阅读西方"史学之父"的作品能够让读者参与到他对文字(包括碑铭和文献)和口头史料孜孜不倦的追寻和探究之中。在一段著名的声明中,修昔底德声称他尽了最大努力去弄清历史人物真正的所作所为。[5] 我们没有理由怀疑修昔底德这一主张的真实性。最后,波里比乌斯在《通史》的多个地方,批评前人不那么注重真实性[6],同样宣称自己的记载在事实方面是可靠的。总体而言,现代学术研究证实了他所言不虚。

总的来说,古代中国史家和古希腊罗马史家虽然彼此并无直接联系,但是都认为史家最根本的任务是查明史实,他们也切身实践这一理念。因为没有史实,史论和史识(历史慧见)就无从

---

[2] 黄俊杰:《作为人文主义思想的中国传统史学思想》,第 46 页。
[3] 同上书,第 47 页。
[4] 希罗多德:《历史》,序言。
[5] 修昔底德:《伯罗奔尼撒战争史》,1.22。
[6] 例如波里比乌斯:《通史》,12。

谈起。换言之，古代的中国史家和古希腊罗马史家已经朝"科学的历史学"（wissenschaftliche Geschichtsforschung）迈出了关键的一步。

二、人在历史中的作用——叙事形式

黄教授第二篇论文中提到的另一个论点是，中国史学"将人视作是各种历史事件的主角"，把人的才智、思想和意志看作是"历史事件的决定因素"。[7] 黄教授认为这和司马迁以来纪传体史学有关。汪荣祖教授持相同意见，他特别提到了司马迁的《史记》。他写道，司马迁"奠定了偏重世俗和人文的中国史学方法的基础"，"设立了以个人生平为主的叙事形式的典范"，因为司马迁"认为一国一朝的盛衰是人常年正面或反面行为的结果"。[8]

正如以上两位指出的那样，这些的确是中国史学的特征。问题是，这些特征在多大程度上能够区别于西方史学。黄教授认为，与中国史家不同的是，"西方史家描述整体事件"，他列举了希罗多德对希波战争的叙述以及波里比乌斯对罗马兴起的叙述为例："这种线性记载是基于非人为的因果链，与中国史家采用的马赛克式的方法明显不同。"[9] 西方史家（黄教授列举的是希罗多德和修昔底德）"在解释历史事件时一般强调非人为因素，比如政治生活、经济利益等"[10]，言外之意是他们不看重个人的作用。

这一论断既包含了真知灼见，也包含了谬误。"西方史家在解释历史事件时一般强调非人为因素"，这部分是错误的，与"政治生活"和"经济利益"也相矛盾，因为它们是人为因素。一般来说，

---

[7] 黄俊杰：《作为一种人文主义思想的中国传统史学思想》，第42—43页。
[8] 汪荣祖：《中国传统史学中的人文主义》，第54页。
[9] 黄俊杰：《作为一种人文主义思想的中国传统史学思想》，第43页。
[10] 同上书，第44页。

对人类历史的关注和解释，主要涉及的是人的欲望、需要、希冀和恐惧等，诸神和超自然的因素不在考虑范围内。这是中西史学共同的特点。关于中国史学的部分，黄教授引用了关键段落。关于西方史学的部分，有力的论据是希罗多德《历史》的序言，其中他说自己将展示"人类的功业"，"希腊人和异族人的成就"，"特别是他们之间发生战争的原因"。同样地，修昔底德解释了伯罗奔尼撒战争爆发的原因，波里比乌斯分析了罗马帝国崛起的原因。两者都专注于内在的"人为因素"。

黄教授认为，相比于中国史家，西方史家在分析历史事件因果关系的时候，更强调"非个人因素"（non-individual），而不是"非人为因素"（non-human），更恰当的表述是"超个人因素"（supra-individual）。的确，中西史学在叙述结构上的不同——"马赛克式的"与"线性的"——和两者对个人、超个人因素在历史中作用的不同评价是相关的。

然而，需要明确指出的是，这种不同只是强调程度的不同。一方面，在解释历史事件时，司马迁同样也提及超个人因素，这点是不容忽视的。他对某些品质和朝代更迭兴替模式的看法[11]，还有他对经济发展中供求关系的决定性作用的洞察[12]，都是很好的例子。另一方面，尽管希罗多德著作里希腊的自由和波斯的专制之间的冲突、修昔底德著作里斯巴达对雅典实力增长的畏惧、波里比乌斯著作里罗马的政治制度和价值观念，都是历史发展中总体因素的代表，这三位史家以及他们的继任者们都认为个人的体质、才智和品德同样重要，并给予适当的关注。与司马迁的《史记》和中国各个朝代的正史不同，古希腊罗马史学不包括列传，但也提供了对

---

[11] 例如，《史记·高祖本纪》结尾的"太史公曰"。
[12] 例如，《史记·货殖列传》结尾的"太史公曰"。

重要历史人物的性格刻画和评价，并对他们的成败给予应有的分量。[13]

注重历史中的个人并且对人做出呈现、解释和评价，这是古代中国和古希腊罗马史学之间的共同之处。中国史学更注重个人在历史中的作用，而古希腊罗马史学在注重个人的同时，也注重"超个人"因素，只不过中西史学在这点上不是根本的对立，而是侧重和程度的不同。

三、史识与道德评判的结合

两位学者都认为史识（历史慧见）与道德评判的结合是中国史学的一项重要成就和特征。黄俊杰教授第一篇论文中超过三分之一的篇幅是用来讨论这一现象的。[14] 他认为，（中国史学）"对于史实判断和道德评判的结合"源远流长[15]。"《左传》的作者在浩瀚历史长河中挑选道德层面上最重要的人物和事件，是为了在记录史实之后能够探究和讨论相关的道德教训。"[16]"（中国史学）倾向于从历史叙述中推断和提炼道德准则，这样的例子大量存在。"[17] 贾谊的《过秦论》，司马迁对项羽战败的解释，司马光关于朝代盛衰的理论，这些例子都支持黄教授的论点[18]。他还写道，"我们或许可以这样说，中国史学中的道德评判，对应的是犹太—基督教文

---

[13] 例如，希罗多德《历史》中对克洛伊索斯（卷一）和薛西斯的记述（卷七至卷九）；全面的人物刻画包括伯利克里，修昔底德：《伯罗奔尼撒战争史》，2.65；汉尼拔，波里比乌斯：《通史》，9.22-26；恺撒和加图，撒路斯特：《喀提林阴谋》，54；大西庇阿，李维：《建城以来罗马史》，38.53.8-10；提比略·尼禄，塔西佗：《编年史》，6.51。

[14] 《中国传统历史书写中的历史话语：作为哲学的历史学》，第33—37页。

[15] 同上书，第33页。

[16] 同上书，第33—34页。

[17] 同上书，第34页。

[18] 同上书，第34—36页。

明中的最终审判"[19]。胡昌智也认为道德评判是中国史学的特征，而且道德评判在中国史学理论中也有所反映，例如刘知幾和章学诚的"史识"概念[20]。对章学诚而言，"史识"与"史德"（史家的职业和道德操守）紧密联系，两者就像是"一块硬币的两面"[21]。

这些论点关注的都是中国史学的重要特征。问题是，对其意识形态语境的准确描述和正确分析是十分困难的。"道"就是个例子。它构成了史识与道德评判结合的哲学基础，同时也构成了历史过程的基础，可以通过恰当的研究而被剥离出来。不过，笔者不是中国哲学领域的专家，无法进行深入的研究和探讨。因此，笔者转而关注"历史事实与道德评判结合"的具体例子，以期了解这一现象的真相，以及在多大程度上它可以区分中西史学。

要理解"史实判断与道德评判的结合"，最好的办法是考察史家们用以呈现成败盛衰和道德高下的例子。在中国史学里，朝代盛衰常被论及，而秦朝灭亡的例子可能是讨论最多的。[22]一些英雄人物的命运以类似的方式被记述下来。比如司马迁笔下的商鞅和项羽。[23]这些例子都"从历史叙述中推断和提炼道德准则"。[24]然而，严格说来，从历史叙述中推断和提炼道德准则是不可能的，史家们其实是重新构建了某种行为与某种结果之间的因果联系，同时对前者进行道德评判。

如果暂时悬置朝代和政府，那么显而易见的是，不是所有历史人物的命运都符合这一模式。此时，"史实判断与道德评判的结

---

[19] 黄俊杰：《中国传统历史书写中的历史话语：作为哲学的历史学》，第36—37页。
[20] 胡昌智：《论中国现代史学思想的转变》，第68—70页。
[21] 同上。
[22] 黄俊杰：《中国传统历史书写中的历史话语：作为哲学的历史学》，第34—35页；胡昌智：《作为一种人文主义思想的中国传统史学思想》，第54页。
[23] 《史记》卷六八《商君列传》，《史记》卷七《项羽本纪》。
[24] 黄俊杰：《中国传统历史书写中的历史话语：作为哲学的历史学》，第36页。

合"意味着什么呢？两位撰稿人认为，即使是在这种情况下，中国史家一如既往地将史实记述和道德评判结合起来。黄俊杰和汪荣祖都提到，《史记》列卷第一记载的便是关于伯夷和叔齐的故事。[25] 周灭商之后，他们宁死不食周粟，是那种遭遇了厄运的高尚的人的典范。他们尽管并无巨大成就但其品德仍然被史家记录下来。这或许可视作是一种补偿。类似的例子还有很多。黄俊杰指出，"基督教文明由上帝对人的功绩和罪过进行'最终审判'，而中华文明的对人一生的所作所为进行'历史的审判。'"他想到的可能就是这些例子。（这一论断隐含着的意思是，犹太—基督教文明和中华文明都不注重世俗的、现世的功过成败）。[26]

下面我们转向西方古代史学，史家修昔底德对历史分析采取了不同的方法路径。他的目标是对一系列历史事件做出因果解释，并揭示隐藏的人性常情，与此同时他极力克制道德评判。当然，修昔底德一人不能代表整个西方古代史学。在他的前辈、著名史家希罗多德那里，情况有所不同。希罗多德《历史》开篇序言的结尾表明，他致力于对历史事件做出因果解释："特别是他们（希腊人和异族人）之间发生战争的原因。"[27] 然而，他对历史事件的解释在多处都暗含着道德取向和考量，或者说他的历史解释常常和道德评判一致，这从"傲慢"（hybris）在历史事件中的决定性影响可以看出。[28]

另一方面，古罗马史学与中国史学更为接近。古罗马史家认为，历史进程中某种行为导致某种结果，就像人的行为和结果紧密相关一样。而在中国史家那里，则是朝代盛衰与人的行为和结果相

---

[25] 黄俊杰：《中国传统历史书写中的历史话语：作为哲学的历史学》，第27页；胡昌智：《作为人文主义思想的中国传统史学思想》。

[26] 同上。

[27] 希罗多德：《历史》，序言。

[28] 希罗多德《历史》中对克洛伊索斯（卷一）和薛西斯的记述（卷七至卷九）。

似。撒路斯特、李维，还有塔西佗（在一定程度上）都将罗马的崛起归因于她的美德：在很长一段时间里，罗马人的美德表现为对外的勇敢和公正，对内的虔敬和集体意识。三位史家都认为，道德的沦丧导致了罗马衰落，甚至可能导致其灭亡。[29] 在这样的语境里来看，古罗马史家们与他们的中国同行一样，都认为史学的任务在于传达历史洞见和道德取向，正如李维写道："在我看来，每个人都应当密切地注意这些问题：曾有过什么样的生活，什么样的道德；在和平与战争时期，通过哪些人以及运用哪些才能建立和扩大帝国；然后应注意到，随着纲纪逐渐废弛，道德可以说先是倾斜，继而愈加下滑，最终开始倾覆，直至我们既不能忍受我们的罪过，亦不能忍受补救措施的今日。在认识往事时，尤其有利而有益的在于：你可以注意到载于昭昭史册中各种例子的教训，从中为你和你的国家吸取你所应当效仿的东西，从中吸取你所应当避免的开端恶劣与结局不光彩的东西。"[30]

另一点相似之处在于中国和罗马史家们对待历史人物的方式。从一开始，罗马史家们就将历史人物呈现为抑恶扬善的模范（exempla）。相应地，对历史人物的评判是相当重要的，"历史解释常常和道德评判一致"，即道德高尚导致成功，道德卑劣导致失败。然而，不管是在古代中国还是罗马，事实不总是符合这一模式，尤其在帝国时期更是如此。值得注意的是，司马迁用"史学正义"（justice of historiography）来平衡和补偿"历史不公"（injustice of history），这一现象同样也可以在塔西佗的作品里找到。就像司

---

[29] 撒路斯特：《喀提林阴谋》，6-13；李维：《建城以来罗马史》，前言；塔西佗：《历史》，21-23；《编年史》，4.32-35。

[30] 李维：《建城以来罗马史》，前言 9-10（译注：中译文引自穆启乐、张强、傅永东、王丽英所译的《建城以来史：前言·卷一》，上海人民出版社，2005 年）。比较撒路斯特：《喀提林阴谋》，4；《朱古达战争》，4。

马迁生活在汉武帝治下,塔西佗生活在图密善的专制统治之下,他意识到并不是每个人都善有善报,或是罪有应得,所以他极力强调史学中的道德评判的重要性:"我认为,史学的首要功能是,不让高尚的言行沉默,使卑劣的言行畏惧后世的批判。"[31]

司马迁会毫不犹豫地赞同这个原则。

总的来说,史实判断与道德评判的结合,以及当这一模式不能实现时对道德的强调,是古代中国和罗马史学相似相通之处,而非相反相悖。

四、总　结

如果我们试着比较古代中国与古希腊罗马史学,那么很容易首先看到不同之处,这无疑是对的。我们的撰稿人准确地指出了以下两点:首先相比较而言,中国史家更注重将个人视作历史中的决定性因素。而古希腊罗马史家虽然不低估个人的重要性,但是更多关注超个人的因素和趋势。这一区别首见于司马迁的《史记》。它是中国最具代表性的史学作品,其中很大一部分是列传。而古希腊罗马史学作品在主体叙事中只保留对杰出人物简要的评价。其次,道德评判在中国史学中占有更重要的地位。史家们倾向于将道德与成败联系起来,对历史人物的道德评判是他们时常关切的事物。

认识了这两点之后,重要的是意识到古代中国与古希腊罗马史学之间的差异是基于共性的,即根本的共同特征的背景。第一,对历史的兴趣的形成,换言之就是相信对过去的把握是有价值的,并且能够帮助我们应对现在和未来。第二,坚信只有注重史实,注重真正发生了的事,即兰克所说的"如实直书"(wie es

---

[31] 塔西佗:《编年史》, 3.65.1。

eigentlich gewesen ist），历史才会"有用"，否则我们无法从中学到有价值的经验教训。第三，中国史家和古希腊罗马史家都将历史看作是人的历史。人创造了历史，经历了历史。诸神因素或者是超自然因素在很大程度上不在他们的考虑范围内。第四，古代中国与古希腊罗马史学对历史慧见和道德取向的追求是并重的。尽管强调的程度不同，但是至少从古罗马的史学来看，传达道德寓意和历史洞见并举，这与中国史学非常接近。此外，道德表现与历史结果不相符时，"史学正义"应当平衡和补偿"历史不公"，这是司马迁和塔西佗史学作品里的主导原则。

总的来说，古代中国与古希腊罗马史学相互独立，但是它们衍化出了相似的历史意识和写作形式，这是非凡又值得注意的。这是人类经历相同的需要、寻求相同的解决之道的又一例证。差异不是阻碍相互理解的鸿沟，而是丰富和活跃人类文明的源头。

（诸颖超　译）

第十一章　一个欧洲学者眼中的雷海宗

女士们，先生们：

首先，感谢你们给我这个机会，在纪念著名学者和令人尊敬的世界史教授雷海宗先生的会议上发言。我感到非常荣幸。

毫无疑问，作为一个西方古典学者的我不可能对雷海宗的著作给予实质性的全面评价。但是，雷先生的著作已经完全超越了民族和文化的界限，以至于我这个西方古典学者也感到他的诸多思想值得探讨。

我的简短发言主要集中在两点，我认为这两点可能是雷海宗著作的中心，并且同当今的学术有所关联：一是雷海宗的历史认知论；二是他的世界历史进程观。

在雷海宗的历史认知论中有两点最重要：一方面，他认为历史研究包括三个主要步骤：(1) 甄别史实；(2) 解释史实；(3) 对研究结论的书面文字形式的表达。另一方面，他认为在"绝对的过去"和"相对的过去"之间有明显的区别，"绝对的过去"是指过去所发生的独立于我们之外的事，而"相对的过去"是指我们通过学术上的努力重构的过去。这两个观点都值得探讨，两者的结合让雷海宗的理论具有令人惊叹的现实性。

如果我们把雷海宗的理论同当今德国著名史学理论家约恩·吕森（Jörn Rüsen）的观点做个对比，会发现二者竟然不谋而合，令人惊叹。吕森认为，我们在历史研究过程中有三个不同的组成部分：第一，搜集尽可能多的第一和第二手史料，并且用严肃认真的科学检验方法进行甄别；第二，必须解释史料，即史料之间应该存在联系，尤其是因果联系。解释这种联系要运用某种理论假设，例如，这种理论假设涉及人类心智的活动方式，涉及经济、社会和政治发展之间的关系等等。第三，以上步骤所形成的结果，应当用书面文字的形式呈现出来。吕森认为，应当在叙述中遵循艺术和美学的规律。

然而，雷海宗和吕森之间最重要的契合点在于，他们认识到了这样一个重要性：对过去的研究会受到现在的影响。二人都认为，历史研究的整个过程会被嵌入历史研究者的当今时代中，而且要受到当今时代的需求、关切、希望、信仰、偏见和情绪等因素的影响。这些需求、关切、希望等等因素会刺激历史学者的行为，而历史学者用自己的著作影响同时代人的方式来作出回应。

我认为，两位学者的唯一分歧在于，雷海宗面对这种状况，被迫将历史研究视为主观活动，而吕森则认为，即便历史研究没有导致极端意义上的"客观知识"，但它提供可被证实的或被证伪的结果，因而具有"主观间"有效的潜力。

我们如何解释存在于吕森和雷海宗之间的令人惊叹的相同之处？最为重要的有两点。一方面，由于雷海宗对西方思想了如指掌，因此二者的理论都部分建立在相同的西方传统历史思想基础上。但我认为另外一点更为重要，即二者理论的广泛一致性主要基于这样一个简单的事实，他们两人认为历史学者行为中的分析方法具有有效性，即当历史学家开始用科学方法探寻过去的时候，他们能够正确地描述过去发生了什么，现在发生什么，将来要发生什么。将这种有效性发扬光大是两人思想中的光彩之处，但让我们尤其感到敬佩的是，雷海宗早在20世纪中期就已经取得如此成就。

现在谈谈我的第二个主题：雷海宗的世界历史进程观。众所周知，雷海宗深受斯宾格勒《西方的没落》一书的影响，他赞同斯宾格勒的思想，认为诸多伟大的世界文化是世界历史的重要个体，并相信这些文化按照某种进程进行周期运动，每种进程必然会经过由政治、社会、经济、军事、宗教和文化的发展的独特阶段所组成的固定的次序。但在雷海宗的内心深处还有另外一种思想，即中国的文化不同于其他文化，因为只有它在完成第一个周期之后，经过第二个周期，能够进入第三个周期。

我们如何看待这种世界史进程观？我先提出两个可商榷性意见，一个是概括的，另一个是具体的。本人比较概括的保留意见是：在考察文化的历史进程过程中，毫无疑问，我们可以找到平行和相似性。但我认为我们只能够"勉强"观察到在雷海宗思想中的这种绝对和彻底的平行相似性，"勉强"的含义就是让我们的研究去适应我们预设的思想，并且忽视历史的丰富多样性。第二是我比较具体的保留意见。作为西方人，而且作为古典学者，当我阅读到只有中国文化具有复兴的现象，并兴起第二个周期的时候，我总是有这样的预定假设，古代希腊罗马和现代的西方世界是相互联系的。只要我们不把希腊罗马文化和西方文化看做是两个不同的、而是同一个文化的时候，我们也可以看到它身上同样的复兴能力，而这种能力雷海宗只希望保留在中国文化身上。

然而，仅局限于用这些批判性的意见来评价雷海宗世界历史进程观是不对的；因为这种观点至今仍然在很多方面具有影响力。第一是它关注于作为历史进程重要个体的诸文化的研究。这种方法包含一个设想，在最近几十年中普及开来，形成了历史研究中的所谓"文化转变"观念。这种设想认为人类生活的不同领域如政治、经济、宗教、艺术等等彼此非常紧密地联系，因此，如果我们想要充分理解过去所发生的，就必须在它们相互关联性中，考察所有方面。这种综合整体的方法就是随着这种假设而形成的，这肯定也是雷海宗所致力的，也只有少数像雷海宗这样的学者才有资格驾驭，因为他具有跨学科的兴趣，涉及语言学、哲学、考古学、广义的文科历史和狭义政治社会史各个方面。

第二点，雷海宗对于世界历史的方法不仅偏重对文化的研究，而且非常具有跨文化特点，因为他明确地提出了一种对各种重要文化的比较研究。在这方面，该方法对于当今的学界产生了直接的影响。因为事实上当今世界不同地域真正形成一体，而且当今世界的不同文化联系频繁，跨文化比较将成为或者已经形成历史研究的一个重要部分，在我看来，这种比较方法为开垦新的学术领域、为从事真正的创造性的研究工作提供了宝贵的可能性。

第三点，我认为在这种研究工作中，雷海宗的思想是有益的。因为从事跨文化比较研究最困难之处是决定比较的内容、寻找有效的描述的类型，然后我们才会看到关键的相似性和区别。雷海宗的关于世界文化进程的论著中使用了多种多样的类型，我们可以进一步提炼并充分利用它们，即使我们运用的方法同雷海宗的方法有所不同。

因此，尽管雷海宗关于世界历史进程的观点似乎在今天受到的怀疑多于赞赏，它仍然有可能会对当前和将来的研究有启发和激励作用。

但是，在我发言的结尾，我并不愿意把雷海宗作为一个学者来评价，我愿意把他看做人类的一员，同我们一样。

我们知道，雷海宗深信，我们对于过去的理解是由我们现在的关切所决定的。这一点真实地体现在雷海宗身上。抗日战争时期对他的思想发展产生重要影响，也许我们可以这样认为：他关于中国文化第三周期理论是一种发自内心、由衷希望的科学的假设。

在此背景下，我觉得我们可以自问，如果雷海宗身处当今现实，他会如何重新改造自己的世界历史进程观呢？我提出如下设想，并不否认其中带有我自己的关切与希望。我想雷海宗首先会认为他的中国文化第三周期理论被证明是正确的。我还认为，他也会对这样一种可能性作出让步：不仅中国文化，西方文化也开始了第二——或者我认为——第三周期，而且其他文化也有机会重新焕发生机。但最重要的是，我希望他用一种线性的理论来完善自己的伟大文化的周期理论，这种线性理论就是通过一种方向性运动，最终世界文化应当融合成一种人类的共同文化。

雷海宗是否真正愿意用上述方式修正他的观点，我们不得而知。但通过阅读他的著作以及他人的陈述，我对他有所了解，我相对肯定地认为，如果他处于我们当今世界历史中的崭新而前所未有的时代，他会号召我们作为人类应当为现实的一种完全的承诺而努力，这一承诺就是，在全球化的世界，不同国家、民族和文化间应当和平竞争、友好合作，既认识到在根本特性上有共同之处，同时也要求同存异、彼此尊重。

我的发言到此结束，谢谢大家！

（叶　民　译）